Pocket Power

Helmut Wagner

Perfekt sprechen

Die Herausgeberin

Anne Brunner ist Professorin für Schlüsselqualifikationen an der Fakultät General Studies der Hochschule für Angewandte Wissenschaften - Fachhochschule München. Sie vermittelt die so genannten SoftSkills, die nicht nur im Beruf, sondern auch bei der Persönlichkeitsentwicklung und letztlich in allen Lebenslagen unentbehrlich sind.

Der Autor

Helmut Wagner ist Professor für Psychologie an der Fakultät General Studies der Fachhochschule München. Er lehrt Sozial- und Organisationspsychologie, leitet Trainingsseminare zur Entwicklung der Kreativität und der kommunikativen Kompetenz. Ein weiterer Schwerpunkt seiner Lehrtätigkeit ist die Umweltpsychologie. Warum wir das Richtige wissen und trotzdem das Falsche tun - die Gretchenfrage der Psychologie.

Helmut Wagner

Perfekt sprechen

HANSER

Bibliografische Information der Deutschen Nationalbibliothek.
Die Deutsche Nationalbibliothek verzeichnet diese Publikation in der Deutschen Nationalbibliografie; detaillierte bibliografische Daten sind im Internet über http://dnb.d-nb.de abrufbar.

Internet: http://www.hanser.de
Lektorat: Lisa Hoffmann-Bäuml
Herstellung: Ursula Barche
Umschlaggestaltung: Büro plan.it unter Verwendung einer Illustration von Frank Schmolke
Gesamtherstellung: Kösel, Krugzell
Printed in Germany

ISBN: 978-3-446-40988-0

Vorwort

Die Bedeutung von Schlüsselkompetenzen steht außer Frage, international wie national. Ein Blick in die Stellenanzeigen zeigt, wie wichtig sie Arbeitgebern sind. Auch Schulen und Hochschulen sind sich ihrer Verantwortung zunehmend bewusst. In die Lehrpläne gehört nicht nur Fachwissen. Mindestens ebenso wichtig sind allgemeine Fähigkeiten, mit den verschiedenen Situationen und Herausforderungen des Lebens zurecht zu kommen. Für jeden Menschen ist eine der wichtigsten Schlüsselkompetenzen das lebenslange Lernen. Das vorliegende Buch gehört zu der Pocket Power-Reihe SoftSkills, die Bausteine für den lebenslangen Prozess des Lernens, der Weiterbildung und Kompetenzentwicklung liefert.

Was sind Schlüsselkompetenzen? Angesichts der Vielzahl an Literatur ist es nicht leicht, den Überblick zu behalten. Kompetenzen setzten sich aus drei Komponenten zusammen: Wissen, Fähigkeiten und Haltungen. Einstellungen und Haltungen bilden dabei die Grundlage, denn es geht um mehr als um reine Techniken. Schlüsselkompetenzen sind überfachliche Kompetenzen, die sich in folgende Dimensionen einteilen lassen:

- Persönliche Kompetenz (z.B. Selbstreflexion, Werte, meine Stärken und Grenzen)
- Soziale Kompetenz (z.B. Kommunikations- und Kooperationsfähigkeit, Verständnisbereitschaft)
- Methodische Kompetenz (z.B. präsentieren, moderieren, verständlich Schreiben)

- Aktionale Kompetenz (z.B. Initiative, Tatkraft, Ausführungsbereitschaft)
- Reflexive Kompetenz (Reflexionsfähigkeit in Bezug auf äußere Erlebnisse und Erfahrungen)

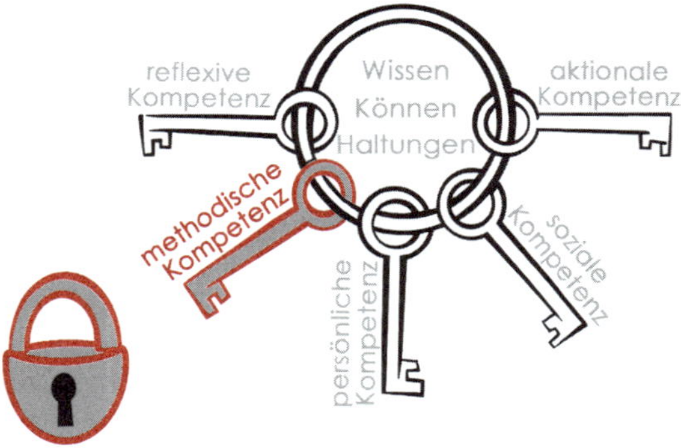

Schlüsselqualifikationen: Fünf Dimensionen, die eng miteinander verknüpft sind. Die reflexive Kompetenz wird hier bewusst als eigene Dimension genannt und bildet den Gegenpol zur aktionalen Kompetenz.

Zur Übersicht dient ein Schlüsselbund, der die fünf Basiskompetenzen darstellt (siehe Bild). Alle Bücher dieser Reihe fördern schwerpunktmäßig eine bestimmte Basiskompetenz. Dieser Band vermittelt Ihnen die Kunst, Referate zu halten: Wie kann man sich dabei eine gewisse Leichtigkeit bewahren, seinem persönlichen Stil treu bleiben und auf die Bedürfnisse der Zuhörer eingehen? Damit ist dieser Band in erster Linie der *methodischen Kompetenz* zuzuordnen, wobei mehrere Kompetenzen ineinander greifen.

München, Mai 2007 Anne Brunner

Inhalt

Einleitung

Seit Adam und Eva haben wir vieles verändert und einiges beibehalten. Zum Beispiel das Sprechen. Die Evolutionsforscher sagen uns, Sprache sei als Ersatz für das soziale Bindemittel der gegenseitigen Fellpflege entstanden. Seit die Sprache erfunden wurde, benutzen wir sie jeden Tag und pflegen unsere Kontakte. Mit dem erfreulichen Nebeneffekt, dass wir damit den Informationsstand über unsere Mitmenschen auf dem Laufenden halten. Das machen wir, indem wir uns Geschichten erzählen. Geschichten über das, was uns widerfahren ist, Geschichten über das, was andere erlebt haben. Weil wir das Geschichtenerzählen täglich üben, sind wir ziemlich gut darin. Wir haben auch keine besonderen Schwierigkeiten damit. Das ist unser tägliches Sprechen. Die größte Gefahr dabei ist Geschwätzigkeit.

Wir referieren nicht jeden Tag. Manche sogar so gut wie nie. Wenn wir referieren, dann geht es darum, Zuhörer auf unseren Informationsstand zu bringen. Weil das Referieren eine seltene Übung ist, haben wir Schwierigkeiten damit. Wir wissen, dass wir uns klar und strukturiert äußern sollen. Die Gefahr dabei ist, dass das Referat steif wirkt, abstrakt und abgehoben. Schwere Kost – für den Sender und für die Empfänger.

Die Aufgabe, die in diesem Buch gestellt wird, lautet: Wie können wir in das seltene Referieren die Leichtigkeit und Entspanntheit des täglichen Geschichtenerzählens hineinbringen, ohne der Gefahr der Geschwätzigkeit zu verfallen? Wie können wir das Repertoire des täglichen Erzählens nutzbar machen für die schwierigere Übung des Referierens? Wie können wir andrerseits die Anforderungen eines Referats erfüllen, ohne dabei ins Steife und Abstrakte zu verfallen? Wie kommen wir vom Sprechen zum Referieren und behalten dabei das Beste von beidem, ohne den Gefahren von beidem zu erliegen?

Manche Menschen beherrschen dieses Kunststück. Da man davon ausgehen kann, dass sie über diese Fähigkeit nicht schon in der Kinderwiege verfügten, haben sie es offenbar unterwegs gelernt. Das ist die gute Botschaft: Man kann es lernen.

Gutes Referieren allerdings lernt nur, wer es übt. Da haben wir die schlechte Nachricht: Ein Buch kann das Üben nicht ersetzen, aber es kann Sie bei der Umsetzung unterstützen:

- Lesen und beobachten – erkennen Sie das Gelesene im Verhalten der anderen? Wenn ja, sagen Sie es ihnen. Feedback ist wichtig, wenn es von kompetenten Zuhörern gegeben wird.
- Lesen und ausprobieren – haben Sie Ihre Schwierigkeiten wiedererkannt? Wenn ja, arbeiten Sie daran. Haben Sie auch Ihre Stärken wiedererkannt? Arbeiten Sie weiter damit. Greifen Sie die Hinweise auf, die Ihnen einleuchten und die auf Sie zutreffen. Und ergreifen Sie jede Gelegenheit, als Referent aufzutreten. Ob Übung jeden zum Meister macht, sei dahingestellt. Aber sie bringt voran.

Es wurden schon viele Bücher geschrieben über richtiges Vortragen, über das Halten von Reden und Referaten, über Präsentationen und über die geeigneten

Trainingsformen dazu. Wenige Bücher belehren uns über das einfache, alltägliche Miteinandersprechen. Das eine scheint schwer zu sein, das andere leicht. Und doch gibt es eine grundlegende Gemeinsamkeit: Ein Mensch spricht und andere hören zu. Die Bücher werden also offenbar wegen der Unterschiede geschrieben, die zwischen dem einfachen Sprechen und dem schwierigen Referieren bestehen. Trotzdem kann es aufschlussreich sein, sich zunächst ein paar grundsätzliche Gedanken zu den Gemeinsamkeiten anzusehen und dann erst zu den Unterschieden zu kommen, auf denen die Fachliteratur gedeiht.

Das erste Kapitel handelt von den verschiedenen Seiten der Botschaften, dem neu entdeckten Spiegeleffekt und dem richtigen Umgang mit Vortragsstress.

Im zweiten Kapitel wird als Startübung das Sprechen über sich selbst vorgeschlagen. Eine kurze Vorstellung liefert wichtige Erkenntnisse über den „persönlichen Stil“.

Kapitel drei befasst sich mit dem Repertoire als Grundlage der Kommunikation. Dazu gehören Wortschatz, Stimme und Körpersprache. Hinweise zum Verständnis der körpersprachlichen Signale und zum Feedback runden die Diskussion ab.

In Kapitel vier werden Statements zu allgemeinen Fragen entwickelt, Gefahren beim unvorbereiteten Sprechen erörtert und Verbesserungsmöglichkeiten aufgezeigt.

Das fünfte Kapitel stellt am Spiel „Stille Post“ exemplarisch dar, welche Fehler bei der Weitergabe von Botschaften auftreten. Daraus leiten sich Regeln für den Bau stabiler Botschaften ab. Der Witz belegt die Gültigkeit dieser Regeln.

Im sechsten Kapitel werden drei Kriterien eines guten Referats dargestellt: die hörergerechte Bearbeitung der Quellen, eine übersichtliche Gliederung und ein genauer Plan. Die Notwendigkeit von Probeläufen wird begründet.

Im abschließenden siebten Kapitel geht es um die Bedürfnisse der Zuhörer. Sie erwarten Verständlichkeit und Unterhaltung. Beide Ziele werden mit unterschiedlichen Mitteln verfolgt. Diese Mittel werden an Beispielen dargestellt. Sie eignen sich auch dazu, schlechte Themen in gute zu verwandeln.

Verwendete Symbole:

Beispiele

Merke

Achtung

Übung

1

Am Anfang war – mehr als das Wort

Auf die Frage, was uns Menschen vor dem Tier auszeichnet, ist eine der brauchbareren Antworten: das Sprechen. Menschliches Sprechen begann nicht damit, dass Adam und Eva ein Geräusch von sich gaben, das immer „Apfel“ bedeutete. Auch die schlaueren Tiere verbinden konstante Bedeutungen mit bestimmten Geräuschen. Eine kleine Affenart setzt beispielsweise verschiedene Warnschreie ein, je nachdem, welcher Feind gerade vorbeikommt. Beim Warnschrei „Leopard“ hüpfen alle Affen auf die dünnsten Zweige der Baumkronen, beim Warnschrei „Adler“ dagegen sucht die ganze Affenbande Deckung am Boden. Das Besondere an der Verständigung zwischen Adam und Eva war nicht, dass sie beim Warnschrei „Apfel“ in Deckung gingen. Das Besondere war, dass sie über den Apfel des vergangenen Tages sprechen konnten: „Der war noch ziemlich sauer.“ Und über die Äpfel der nächsten Tage: „Morgen werden sie schon etwas genießbarer sein.“ Und auch über nicht gegessene Äpfel: „Lassen wir den Apfel lieber hängen, sonst wird der Chef sauer.“

Menschliches Sprechen greift also über die konkreten Gegenstände hier und jetzt hinaus in die Vergangenheit, in die Zukunft, in den unendlichen Vorrat der Möglichkeiten: „Wenn wir ein Feuer hätten, könnten wir auch Bratäpfel machen.“ Diese Emanzipation des Sprechens von den momentanen Gegebenheiten eröffnet die Möglichkeit, die Unterhaltung mit Geschichten anzureichern, das heißt, reale oder fantasierte Vorgänge der Vergangenheit oder der Zukunft mit beliebigen Ausschmückungen anderen mitzuteilen.

Genau das geschieht in der alltäglichen Unterhaltung. Den größten Teil verbringen wir damit, uns Sachverhalte und Geschehnisse mitzuteilen, die hier und jetzt nicht gegeben sind.

Im Erzählen von Geschichten sind wir ziemlich gut.

Daraus folgt: Verwenden Sie die Mittel, die Sie gut beherrschen.

Wie viele Seiten hat die Botschaft?

Eine Botschaft Adams wie: „Dieser Apfel ist verboten!“, besitzt eine faktische Bedeutung, von den Kommunikationstheoretikern „Inhaltsaspekt“ genannt. Darüber hinaus sind aber noch andere Aspekte eingepackt. Friedemann Schulz von Thun nennt sie die vier Seiten einer Botschaft:

- Inhalt/Inhaltsaspekt.
- Appell: Wenn ich dir sage, dass dieser Apfel verboten ist, meine ich damit auch, du sollst ihn nicht essen.
- Selbstoffenbarung: Mit meiner Aussage drücke ich meine Sorge aus, du könntest das Verbot missachten.
- Beziehung: Ich kümmere mich um dich und passe auf, dass du nichts Verkehrtes tust.

Je nachdem, welchen Aspekt Eva besonders beachtet und daher beantwortet, könnte das Gespräch so fortgesetzt werden:

Inhalt: Das weiß ich doch schon lange.

Appell: Hör endlich auf mit deinen ewigen Ermahnungen.

Beziehung: Du brauchst nicht auf mich aufpassen, ich bin nicht dein Rippchen.

Selbstoffenbarung: Du nervst mich.

Da jede dieser Antworten wieder in vier Aspekte zerlegt werden kann, wird sich das eheliche Gespräch über verbotene Früchte rasch und unvorhersehbar verzweigen.

Die Sozialpsychologen gehen von einer übersichtlicheren Einteilung aus; sie unterscheiden nur zwischen Inhalts- und Beziehungsaspekt. Was Schulz von Thun als Appell, Selbstoffenbarung und Beziehung auseinanderlegt, fällt hier im Beziehungsaspekt zusammen, der selber wieder aus zwei Dimensionen besteht:

- Erste Dimension: Dominanz versus Unterordnung.
- Zweite Dimension: Sympathie versus Abneigung.

Wer in einer Beziehung die Initiative ergreift, das Verhalten des anderen bestimmt, Anweisungen gibt, die befolgt werden, wird dominant genannt. Dominanz ist die Erscheinungsform der Macht.

Sympathie beschreibt den Grad der Zuneigung, die zwischen den handelnden Personen besteht. Das sind in extremer Formulierung die Erscheinungsformen von Liebe und Hass.

Beide Dimensionen sind unabhängig voneinander. Ich kann die lieben, die mir unterlegen sind, aber ich kann sie auch verachten.

Was lernen wir aus diesen Bemühungen, die vielfältigen Aspekte eines einfachen Satzes zu verstehen?

Über den faktischen Gehalt einer Botschaft kann man sich recht einfach verständigen. Kompliziert und vielschichtig wird es auf der Beziehungsebene. Fatal daran ist: Der Beziehungsaspekt lässt sich nicht abschütteln. Er ist immer dabei. Sogar wenn inhaltlich nichts mitgeteilt und eine Sendepause eingelegt wird.

Dann steht da ein stummer Sender und die Empfänger fragen sich: Ist er krank? Will er nichts mehr mit uns zu tun haben? Weiß er nicht mehr weiter? Sollen wir etwas unternehmen?

Der Sender kann tun, was er will, die Beziehungsfragen sind immer dabei. Dieser Umstand hat Paul Watzlawick zu seinem berühmten „ersten Axiom" der Kommunikationstheorie inspiriert, das lautet: „Man kann nicht nicht kommunizieren."

Mit einem Problem, das Sie nicht loswerden können, sollten Sie sich beschäftigen.

Wie ich dir, so du mir

Ein Äffchen beißt herzhaft in einen Apfel. Es schmeckt ihm. Ein anderes Äffchen schaut ihm dabei zu und hätte auch gerne etwas davon. Das ist die Versuchsanordnung, mit der ein Hirnforscher namens Giacomo Rizzolatti die sogenannten Spiegelneuronen (mirror-neurons) entdeckt hat. Wenn man dem hungrigen Äffchen ins Gehirn schaut, erkennt man, dass dort genau dieselben Areale aktiv sind, die beim essenden Äffchen das Kauen, Schlucken und Schmecken darstellen. Der Beobachter „spiegelt" das Erlebnis, das er nur passiv verfolgen kann. Eigentlich ist dies ein Befund von der Sorte: „Das wusste ich schon immer." Und auch die bösen Buben wissen es, die vor den Augen einer Blaskapelle in eine Zitrone beißen. Der Effekt ist verheerend. Denn Trompeten spielt man mit Luft, nicht mit Speichel. Aber manche altbekannten Tatsachen werden erst richtig gewürdigt, wenn sie wissenschaftlich geadelt sind.

Der Spiegeleffekt speist den Fluss der Beziehungen. Wir beobachten, wie eine andere Person sich freut, und spüren einen Teil dieser Freude. Wir beobachten Anstrengung und verspüren selbst einen Teil der Mühe. Wir sehen Trauer und empfinden Mitgefühl. Die Identifikation mit Schauspielern, die einen Film erst zum emotionalen Erlebnis macht, beruht ebenso darauf wie der Trick, durch Gelächter im Hintergrund eine TV-Comedy amüsanter erscheinen zu lassen. Andere, ältere Namen für das Phänomen sind „Empathie", zu Deutsch „Einfühlungsvermögen" oder auch „emotionale Ansteckung". Wenn „die Chemie stimmt", wenn wir mit einem anderen „auf derselben Wellenlänge liegen", funktioniert die Ansteckung besonders gut. Sogar das geheimnisvolle „Charisma" lässt sich damit erklären. Charismatisch werden Menschen genannt, die besonders gut darin sind, die Stimmungslage anderer zu erspüren, aufzugreifen und durch ihr Verhalten auszudrücken. Dadurch baut sich eine emotionale Gemeinsamkeit auf, die für die Zuhörer höchst befriedigend ist. „Endlich jemand, der mich versteht und meinen Wünschen Ausdruck verleiht!"

Der Spiegeleffekt beteiligt Sie unmittelbar am Erleben anderer Personen.

Diese schöne Sache hat eine gefährliche Kehrseite. Wenn ich anderen Menschen eine Geschichte erzähle - oder über einen Sachverhalt referiere - und ich bin dabei gelangweilt, finde die Geschichte selber nicht gut, rede nur widerwillig, dann werde ich gelangweilte, unzufriedene Zuhörer haben.

Wenn Sie engagierte Zuhörer haben möchten, dann müssen Sie ein engagierter Sprecher sein.

Falls Sie Ihr Referat beispielsweise mit einer PowerPoint-Präsentation unterstützen, beachten Sie dabei: Bunte Bilder auf einer Leinwand, Texte auf hellem Hintergrund regen unsere Spiegelneuronen nicht an. Die Reduktion des Referenten zur Stimme aus dem Hintergrund hat eine reduzierte Beteiligung und damit Gedächtnisleistung der Zuhörer zur Folge. Es besteht die Gefahr, dass Ihnen Ihre Zuhörer zwar unterwegs folgen können, aber am Ende nicht mehr so recht wissen, was alles gezeigt und kommentiert wurde. Denken Sie an den Spiegeleffekt.

Stress lass nach

Der wesentliche Unterschied zwischen Sprechen und Referieren kommt zum Vorschein, wenn man Leute fragt, die sich gerne und mühelos unterhalten. „Du redest doch gerne, warum hältst du nicht mal einen Vortrag?“ Dann antworten viele: „Weil das zwei ganz verschiedene Dinge sind. Sich Unterhalten ist Vergnügen, Vortragen ist Stress.“ Am Grund dieses Unterschieds stoßen wir auf zwei Quellen von Stress:

- die höhere inhaltliche Schwierigkeit und
- Schwierigkeiten auf der Beziehungsebene.

Die inhaltliche Schwierigkeit

Auch wenn wir miteinander sprechen, transportieren wir Inhalte. Aber diese Inhalte sind auf kleine, überschaubare Portionen verteilt. Eine kurze Aussage wird vom Gesprächspartner aufgegriffen, fortgesetzt, in eine neue Richtung oder auf ein neues Thema gelenkt. Wir stehen nicht unter dem Druck, längere, zusammenhängende Gedanken entwickeln zu müssen. Die kleinen, kurzen Aussagen sind leichter zu produzieren als die langen und komplizierten. Und im Wechselspiel von Reden und Zuhören die Anstöße aufzugreifen und zurückzuspielen ist wesentlich leichter, als ohne Unterstützung einen längeren Beitrag auszuformulieren. Einen Vortrag zu halten ist also inhaltlich schwieriger, weil eine lange, zusammenhängende, argumentativ ausgerichtete Kette von Aussagen gebildet werden muss. Wenn etwas schwierig ist, dann steigt die Gefahr von Pannen und Störungen. Man könnte den Faden verlieren, sich verhaspeln, Zwischenglieder vergessen, den Überblick verlieren. Die Gefahr des Scheiterns erhöht die psychische Belastung und genau das wird Stress genannt.

Schwierigkeiten auf der Beziehungsebene

Unter Stress auf der Beziehungsebene leiden besonders die Menschen, die sich normalerweise nicht dominant fühlen. Sowie sie die Rolle des Referenten übernehmen, sind sie zwangsläufig Träger von Dominanz. Wer das Wort ergreift und behält, der bestimmt, was und wie es gesagt wird, ist aktiv, übt

Einfluss aus, dominiert die Zuhörer. Wer aus Gewohnheit eher zurückhaltend ist und lieber die anderen agieren lässt, dem wird das schwerfallen. Was kann dagegen getan werden? Einen Zauberspruch gibt es nicht, aber eine hilfreiche Beobachtung. Sicher haben Sie auch schon erlebt, wie ein schüchterner Mensch überraschend aufblüht, sobald er Gelegenheit bekommt, über sein Thema, über das, was ihm wichtig ist, was ihn beschäftigt, wofür er sich einsetzt, zu sprechen. Die eigene Begeisterung überwindet dann die Schüchternheit. Daraus können wir ableiten, dass der Stress aus fehlender Dominanz umso weniger aufkommt, je mehr es mir gelingt, das Thema, über das ich zu sprechen habe, zu meinem Thema zu machen. Mich so gründlich damit zu befassen, dass es mir ein Anliegen wird, ihm interessante, neue, spannende Aspekte abzugewinnen, die in mir das Bedürfnis wecken, diese spannenden und wichtigen Dinge mit anderen zu teilen. Je besser mir das gelingt, desto weniger kann mir der Stress anhaben. Und obendrein profitiere ich davon, dass Begeisterung ansteckend ist.

Das Thema Ihres Referats sollten Sie zu *Ihrem* Thema machen.

Beziehungsstress hängt auch mit Sympathie zusammen. Werden mich meine Zuhörer mögen? Oder sind sie meine Feinde? Selbst geübten Rednern fällt es nicht leicht, vor feindseligen Zuhörern zu sprechen, die nur auf Fehler warten. Normalerweise ist die Beziehung auf der Dimension Sympathie zunächst wenig definiert; die Zuhörer warten auf das, was kommt. Da hilft der Rückgriff auf die Spiegeleffekte.

Wenn es mir gelingt, meine Zuhörer als freundliche Menschen zu sehen und anzusprechen, spüren sie die Freundlichkeit und geben sie zurück. Wenn ich dagegen von vornherein damit rechne, abgelehnt und angegriffen zu werden, wird meine feindselig-defensive Voreinstellung meine Zuhörer ablehnend und angriffslustig stimmen.

Wenn Sie freundliche Zuhörer haben möchten, müssen Sie sie als freundliche Zuhörer sehen und ansprechen.

Ein Rest von Stress bleibt

Wenn durch inhaltlichen Fahrplan, Begeisterung für das Thema und positive Einstellung zu den Zuhörern der ärgste Stress abgebaut ist, bleibt leider bei manchen immer noch so viel Lampenfieber übrig, dass sie klagen: „Sowie mein Auftritt naht, spüre ich schon, wie das Herz rast; die Zunge klebt mir am Gaumen, ich bekomme zittrige Knie, mein Hirn streikt und der Schweiß fängt an zu tropfen!“

Die Wahrnehmung dieser physiologischen Veränderungen signalisiert mir, dass es schlimm um mich bestellt ist. Die Katastrophe naht, die Not ist groß. Dadurch verstärkt sich der Stress und das wiederum heizt seine Begleiterscheinungen weiter an. Ich bin in die Stressfalle der selbstverstärkenden Aufregung geraten.

Zwar wird ein halbwegs gesunder Mensch nicht gleich kollabieren, wenn der Puls rast und der Schweiß tropft. Trotzdem wird der gut gemeinte Rat, diese Symptome einfach zu ignorieren, dem Stressgeplagten wenig nützen. Es ist schwer, einen physiologischen Alarm zu ignorieren.

Ist es hilfreich zu sagen, das seien die klassischen Symptome einer verstärkten Adrenalinausschüttung? Das ist das Hormon, das gebraut wird, um akute Notlagen besser zu überstehen. Vielleicht. Besser ist es, sich vor Augen zu halten, dass diese Symptome reine Privatangelegenheit sind. Das Publikum merkt nichts davon. Noch besser ist die Einsicht, dass der Stress von selbst nachlässt, wenn die Notlage bewältigt wird – es kommt also viel darauf an, einen gelungenen Einstieg zu haben. Dann bemerkt das Gehirn, dass die Not nicht groß ist, und nimmt den Druck von der Adrenalinpumpe.

Am besten aber ist die Desensibilisierung. Darunter verstehen Therapeuten die Technik, sich Schritt für Schritt dem Monster zu nähern, nach jedem Schritt eine Pause zu machen, in der nichts passiert, und am Ende gelernt zu haben, dass das Monster aus Pappe ist. (Bei echten Monstern ist von diesem Verfahren allerdings abzuraten.) Es geht also darum, immer wieder die Chancen zu kleinen Auftritten wahrzunehmen, den Stress auszuhalten, zu beobachten, dass er einen nicht wirklich aus der Bahn wirft, zu beobachten, dass er wieder verschwindet. Dieses Lernen im kritischen Bereich entzieht dem Stress den Nachschub. Er wird zwar nicht vollständig verschwinden. Das wäre auch gar nicht wünschenswert. Denn einen kleinen Anschub kann man schon brauchen. Aber er wird sich nicht mehr aus sich selbst heraus verstärken und vom Belebungs- zum Störfaktor auswachsen.

Der große Stress verschwindet, indem Sie ihn in kleinen Portionen immer wieder kommen und gehen lassen.

2
Vorstellung

Sprechen ist keine Einzeldisziplin wie Sudoku oder Schattenboxen. Zum Sprechen gehören zwei. Der andere hört zu. Wer seine Sprechkompetenz verbessern möchte, braucht Zuhörer. Wenn Sie darangehen, die Hinweise dieses Buches für sich nutzbar zu machen, werden Sie irgendwann Zuhörer gewinnen müssen, die Ihnen mitteilen, wie Sie die gestellten Aufgaben (einen Standpunkt einnehmen, einen Sachstand darlegen, ein Projekt präsentieren) gelöst haben. Das lässt sich manchmal in den Rahmen der beruflichen Tätigkeit integrieren. Das lässt sich vielleicht auch unter Freunden vereinbaren, die bei passender Gelegenheit (Geburtstagsreden, Tarifverhandlungen mit den Kindern) die Beobachterrolle übernehmen und für Rückmeldungen sorgen.

In vielen Fortbildungen wird mit Vorstellungsrunden begonnen. Auf diese Herausforderung sollte man daher vorbereitet sein. Wenn dabei auch noch audiovisuelle Aufzeichnungen gemacht werden, ist das Rohmaterial verfügbar, das für die hier vorgeschlagene Form der Selbsterkundung gebraucht wird. Ergreifen Sie die Gelegenheit!

Aller Anfang ist leicht

Die Teilnehmer eines Fortbildungsseminars zum Thema „Sprechen“ stellen sich häufig der Reihe nach vor und werden dabei in der Regel mit der Videokamera aufgenommen. Dabei stellen sie fest: Einfach ist es nicht, vor fremden Menschen über sich selbst zu sprechen. Vor allem dann nicht, wenn Bekenntnisse und Intimitäten erwartet werden. Aber solche Selbstoffenbarungen werden im Regelfall auch nicht verlangt. Die Vorstellung soll zunächst einmal Material liefern, das hinterher in aller Ruhe besprochen wird.

In manchen Seminaren werden der Vorstellungsrunde oft Zweiergespräche zum Kennenlernen vorausgeschickt. Anschließend wird dann der Gesprächspartner von eben vorgestellt. Dieser Ansatz ist für unsere Zwecke weniger geeignet. Es wird nämlich ein hoher Preis dafür gezahlt, dass das Sprechen über die eigene Person vermieden wird: Erstens muss dann der Sprecher Informationen einigermaßen richtig wiedergeben, die ihm selber gerade eben erst bekannt geworden sind. Das ist Gedächtnislast. Zweitens sitzt eine Person im Publikum, die ganz genau aufpasst und ihn bei jedem kleinsten Fehler sofort ertappt und möglicherweise zurechtweist. Wenn die Kontrolle so dicht und Fehler so bedrohlich sind, entsteht Stress. Genau das wollen wir aber nicht hervorrufen.

Wenn es sich einrichten lässt, nehmen Sie an einem entsprechenden Seminar teil. Nutzen Sie die Gelegenheit, und sprechen Sie bei der Vorstellungsrunde über sich. Die Vorgabe lautet: etwa zwei Minuten. Der zeitliche Rahmen soll die Wortkargen animieren und die Wortreichen auf ein überschaubares Maß herunterbremsen. Inhaltlich sollte der berufliche Werdegang dargestellt werden. Darstellungen der persönlichen Hobbys werden gern gehört. Dieses Thema ist positiv besetzt und damit steigt die Chance, dass die Sprecher sich animiert und engagiert äußern. Das liefert der Feedback-Runde Stoff zum Thema: So sieht es aus, wenn Sie gerne und kompetent über ein Thema sprechen.

Und das sieht meistens ziemlich gut aus.

Warum nenne ich die Vorstellung eine leichte und damit als Einstieg geeignete Übung? Die Gründe sind zahlreich: Wir brauchen keinen Plan, weil wir auf der Zeitachse entlanglaufen können, aus der grauen Vorzeit des Kindergartens bis zur strahlenden Gegenwart. Diese zeitliche Reihung ist die einfachste Form einer Geschichte. Schon Kinder kommen gut damit zurecht, wenn sie etwas erzählen: „Und dann kam … und dann war da … und dann wollte ich … und dann …“ Einfach ist die Vorstellung auch, weil wir über genug Stoff verfügen. Damit entfällt das Problem, Informationen abzurufen. Außerdem kann niemand uns widerlegen, die Richtigkeit unserer Äußerungen steht daher nicht auf dem Prüfstand. Die Informationen, die wir abliefern, sind faktisch, nicht argumentativ und daher leicht darzustellen. Es gibt also nichts Einfacheres und damit Besseres, um erste Daten zum Sprechverhalten zu sammeln, als eine Vorstellung.

Und außerdem lernen sich alle ein bisschen kennen.

Bütten- und Trauerreden

Aus der Vorstellung nimmt jeder Teilnehmer, der die Aufgabe hinter sich gebracht hat, einen Eindruck mit. Die Selbstsicheren finden sich toll, die Unsicheren hadern damit, dass sie mal wieder versagt haben, die meisten sitzen irgendwo dazwischen auf dem Fragezeichen: „War ich gut?“ Ja, Sie waren gut. Wir haben eine Menge über Sie erfahren, wir haben alles verstanden, wir Zuhörer sind zufrieden. In der Feedback-Runde schauen wir uns das noch mal genauer an und reden darüber. Spätestens dann kommt die Frage: Ja, ganz gut, aber wie sieht denn die perfekte Vorstellung aus? Schwierige Frage. Eine Antwort, die uns weiterbringt, geht so: Wenn Günther Jauch und Sabine Christiansen, Stefan Raab und Marcel Reich-Ranicki unsere Übung gemacht hätten – die Resultate wären sicher bemerkenswert. Diese Leute können sich darstellen, wir wissen es und sie leben davon. Aber die Resultate wären doch sehr unterschiedlich. Und wenn Christiansen grinsen würde wie Raab und Jauch grollen würde wie Reich-Ranicki, käme uns das eher komisch als perfekt vor. Fazit: Es gibt vielleicht keine perfekte Lösung. Oder etwas optimistischer gesagt: Die perfekte Lösung ist nicht von der Person zu trennen als Verkörperung des persönlichen Stils. Damit erübrigt sich die Suche nach der idealen Schablone, nach der alle sich trimmen. Gäbe es das, ein langweiliger Einheitsbrei wäre die Folge. Oder ein nervtötendes Kunstprodukt, wenn eine Schablone verwendet werden würde, aus der eine endlose Serie von Robert-T-Online-Klonen entspringt. Oder penetrant muntere VIVA-Moderatorinnen.

Wenn wir unser kleines Gedankenexperiment dahin erweitern, verschiedene Bearbeiter mit unterschiedlichen Redesituationen zu konfrontieren, wird das noch klarer. Wenn die Aufgabe lautet, eine Trauerrede zu halten, zu einem großen Streik aufzurufen oder in die Karnevalsbütt zu steigen, würden unsere vier Promis mit diesen Vorgaben sehr unterschiedlich umgehen und auch unterschiedlich gut damit zurechtkommen. Stoiber war als Bierzeltredner nie eine wirklich überzeugende Besetzung. Ein Raab am offenen Grabe und eine Christiansen in der Bütt, das passt nicht wirklich gut zusammen. Der Erfolg der Medienprofis liegt nicht zuletzt darin, dass sie genau wissen, welches Sendeformat zu ihrem persönlichen Stil passt, und dass sie diese Nische besetzt haben. Für uns Nichtprofis eine tröstliche Erkenntnis: Auch die besten Sprecher sind nicht allen sprachlichen Herausforderungen gewachsen. Diese Erkenntnis ermuntert uns dazu, aus unseren persönlichen Eigenarten unseren persönlichen Stil zu entwickeln und gezielt einzusetzen. Dazu gehört dann auch die bescheidene Einsicht, welche Gelegenheiten man besser meiden sollte.

Wer sich wohlfühlt in der Bütt, sollte nicht unbedingt auch Trauerreden halten wollen. Und wer gerne gewichtig von Kathedern doziert oder von Kanzeln predigt, ist vielleicht als schlagfertiger Debattenredner nicht die erste Wahl.

Suchen Sie nicht nach der idealen Schablone, sondern sprechen Sie entsprechend Ihrem persönlichen Stil.

3
Das Repertoire

Das Repertoire ist die Gesamtheit der kommunikativen Fähigkeiten, der begrenzte Vorrat an Möglichkeiten, über die jeder Sprecher verfügt. Alle diese Verhaltenselemente sind über Jahre hinweg gesammelt, ausgebaut und erprobt worden. Dahinter steht ein permanenter sozialer Lernprozess. Aus den Reaktionen unserer Mitmenschen auf unsere Äußerungen entnehmen wir Hinweise darauf, was gut ankommt oder was Irritationen oder Ablehnungen hervorruft.

Das Repertoire ist praxiserprobt. Da wir viele Jahre damit gearbeitet haben, ist es auch gut eingeübt. Der Versuch, schnelle Veränderungen einzuführen, trifft auf stabile Gewohnheiten. Wir bemerken es beispielsweise an den geringen Trainingsfortschritten bekannter Politiker, die trotz Medienberatern und Kommunikationstrainern bestimmte störende Eigenarten nicht ablegen können. Das Repertoire ist aber so umfangreich, dass in jedem Moment nur eine winzige Stichprobe erscheinen kann.

Besser als der Versuch, Neues einzuführen und Altes gegen den Gewohnheitsdruck wegzulassen, ist die Erkundung dessen, was schon verfügbar ist, und die gezielte Verstärkung dessen, was uns und anderen gut gefällt. Was wir alles können, erfahren wir erst nach und nach, wenn wir verschiedene Aufgaben aufgreifen, die unterschiedliche Elemente aufrufen.

Versuchen Sie, das Beste aus Ihrem Repertoire herauszuholen.

Wörter und Stimme

Wortschatz

Das meiste, was es zu sagen gibt, lässt sich mit den 2000 meistgebrauchten Wörtern ausdrücken. Dazu kommen einige hundert Fachwörter, die Kompetenz darstellen. Den Wortschatz auszubauen ist nicht einfach. Lesen oberhalb der Comic- und Boulevard-Ebene kann hierbei helfen.

Manche Wörter verwenden wir häufiger als andere. In der Regel sind es kleine Wörtchen ohne starke Aussage. Meist könnten sie ohne Verlust für den Sinn der Aussage weggelassen werden. Das sind Wörtchen wie „einfach", „direkt", „eigentlich", „eben", „praktisch".

Es ist eben einfach praktisch, an Stellen, an denen direkt eine kleine Denkpause gebraucht wird, eines dieser Wörtchen praktisch als Pausenfüller einzubauen. Klingt einfach gut und verbraucht eigentlich keinen Denkaufwand. Wenn man darauf achtet, bemerkt man direkt, wie sich beim Landen auf einem dieser Lieblingswörtchen momentan einfach eine kleine Erleichterung ausbreitet. Dagegen ist praktisch wenig einzuwenden, solange es eben nicht überhandnimmt und den Hörern irgendwann direkt störend bewusst wird.

Besonders gefährlich sind die verschraubteren, seltenen Füllwörtchen wie „sozusagen" und „gewissermaßen".

Aufgrund ihrer Seltenheit sind diese Wörtchen gewissermaßen schon beim zweiten Auftauchen als sprachliche Schrulle erkennbar. Sie leiden sozusagen unter ihrer eigenen Seltenheit. Und ein ganz kleines vergiftetes Wörtchen sollte man eigentlich unbedingt vermeiden, weil es praktisch jede Aussage entwertet: das Wörtchen „halt". Es macht einfach einen großen Unterschied, ob ich ins Kino gehe (weil mich der Film interessiert), oder ob ich halt ins Kino gehe (weil mir gerade nichts Besseres einfällt). Also Vorsicht vor dem Miesmacherwörtchen „halt"!

Weil es sich bei jedem Sprecher praktisch nur um ein bis zwei dieser Vokabeln handelt, lässt sich ihre sozusagen übermäßige Verwendung eigentlich doch ganz gut unter Kontrolle halten.

Versuchen Sie es halt.

Weg mit den gewohnheitsmäßigen Füllwörtern!

Stimme

Zur Grundausstattung gehört auch die Stimme und wie wir sie einsetzen. Natürlich gibt es dabei eine große Streuung. Wer von der Natur mit einer lauten Stimme ausgerüstet wurde, wird sich leichter tun, viele Zuhörer mit geringer Anstrengung zu erreichen. Und wer über eine tiefe Stimme verfügt, besitzt damit zugleich einen Aufmerksamkeitsbonus gegenüber den helleren Stimmlagen. Das erklärt, warum es Frauen mit helleren Stimmen schwerer haben, in Diskussionsrunden gleichberechtigt zu Wort zu kommen. Warum das so ist? Weil die Länge der Stimmbänder mit der Körpergröße zunimmt, mit der Länge der Stimmbänder aber die Stimmfrequenz absinkt. Die Faustregel lautet also: tiefe Töne, große Tiere. Und auf große Tiere sollte man achten. Eine von Natur aus hellere und leisere Stimme ist aber keine

Entschuldigung dafür, die Zuhörer nicht ausreichend akustisch zu versorgen. Im Gegenteil. Dieses Handicap sollte durch verstärkte Sendeleistung ausgeglichen werden. Hilfreich zur Anhebung der Lautstärke ist der Auftrag, die am weitesten Entfernten anzusprechen.

Die Zuhörer, die der Sprecherin ihre Zeit und Aufmerksamkeit schenken, haben einen Anspruch auf ausreichende Versorgung.

Gegen dieses zentrale Gebot verstoßen auch die Schnellsprecher. Sie verlangen schon in den einfacheren Passagen viel von ihren Zuhörern. Unglücklicherweise steigert sich die Geschwindigkeit genau dort, wo die Schwierigkeiten zunehmen und die Sprecher das Bedürfnis verspüren, möglichst schnell durch die Gefahrenzone zu kommen. Man könnte beinahe einen Merksatz daraus gewinnen, der etwa so lauten würde: Stress verstärkt die Macken. Die meisten Schnellsprecher wissen, dass sie hier ein Problem haben. Sie sagen dann, sie hätten schon oft versucht, ihr Tempo zu reduzieren, aber es ginge eben einfach nicht. Wie kann ihnen geholfen werden? Ein brauchbarer Ansatz ist der Auftrag: Lauter sprechen! Lauter zu sprechen ist für einen gelernten Schnellsprecher einfacher, als langsamer zu sprechen. Weil es aber wirklich anstrengend ist, zugleich schnell und laut zu sprechen, nimmt mit erhöhter Lautstärke beinahe automatisch die Sprechgeschwindigkeit ab. Ausprobieren!

Für die Leisen: Versuchen Sie, die Person zu erreichen, die am weitesten wegsitzt.

Für die Schnellen: Versuchen Sie, lauter zu sprechen.

Körpersprache

Wohin mit den Händen? Die Frage wird häufig gestellt. Sie könnte auch lauten: Wohin mit dem Körper? Was tun mit dem Kopf? Dass von den Händen die Rede ist, liegt an ihrer auffälligen Beweglichkeit. Positiv gesprochen an der Fülle ihrer ausdrucksstarken Gesten. Nicht umsonst wird die Ersatzsprache der Taubstummen mit den Händen dargestellt. Aber auch die anderen Körperteile sind beweglich. Der Kopf kann wackeln, sich neigen und drehen. Der Rumpf sich aufrichten, zurücklehnen oder vorbeugen. Die Beine verteilen das Gewicht, teilen sich die Arbeit als Stand- und Spielbein, stehen verwurzelt wie ein Baum oder tänzeln wie ein Boxer, treten steif oder tigern elastisch auf und ab.

Die Aufzählung könnte endlos fortgesponnen werden. Die Antwort fällt dementsprechend lang aus. Versuchen wir es trotzdem:

Mit dem Sprechen entsteht ein gewisser Bewegungsdrang, der sich gewohnheitsmäßig über den Körper verteilt. Auffällig sind die Gestikulierer und Armschwenker, die ihre Schultern heben oder senken, den Kopf als Taktgeber nutzen, mit Körpereinsatz oder Beinarbeit agieren. Der Versuch, die Bewegungen zu blockieren, geht meistens schief, weil der Bewegungsdrang dadurch nicht verschwindet. Stattdessen fließt er in andere Kanäle und kommt an unerwarteten und unerwünschten Stellen wieder zum Vorschein. Wer die Gestik reduzieren möchte, indem er die Hände hinter dem Rücken festhält, könnte stattdessen unversehens mit den Knien wippen oder pickende Kopfbewegungen ausführen. Wer seine Mimik vereist, wackelt vielleicht stattdessen mit den Hüften oder verzieht die Schultern. Dann ist es schon besser, wenn die gewohnten und daher flüssigen, gut eingepassten Bewegungen zugelassen werden. Die Zuhörer stören sich daran – wenn überhaupt – viel weniger.

Lassen Sie den gewohnten Bewegungen ihren Lauf. Das Unterdrückte befreit sich gern an unpassender Stelle.

Der Wechsel von Spannung und Entspannung ist nicht zufällig. Der Bezug zur Mitteilung ist eng. Zeitlich eng: Der Moment der verbalen und der Moment der körpersprachlichen Aussage fallen normalerweise zusammen. Das Timing passt. Und auch die Intensität stimmt. Kleine Mitteilungen werden von kleinen Bewegungsakzenten unterstützt, große Mitteilungen von großen Gesten oder Veränderungen der Körperposition. So entsteht ein natürlicher Rhythmus, in dem das Gesagte im richtigen Moment von passenden Gesten akzentuiert, verdeutlicht, unterstützt wird. Besonders auffällig ist das Auflaufen der Bewegungsintensität, wenn die sprachliche Mitteilung ins Stocken gerät. Etwa das Rudern der Hände, um die baldige Fortsetzung der Rede zu signalisieren und anzuregen.

Die individuellen Unterschiede sind sehr ausgeprägt. Manche Menschen bewegen sich beim Sprechen kaum. Aber auch bei den Bewegungsknausern liegen die (wenigen kleinen) Bewegungen dort, wo die Mitteilungen groß und stark sind – bei den kleinen Mitteilungen schrumpfen ihre Begleitbewegungen auf kaum wahrnehmbare Andeutungen. Aber ob der Bewegungsdrang auf hohem oder auf niedrigem Level liegt, die Synchronisation von Wort und Bewegung läuft ziemlich perfekt und ohne dass wir uns darum kümmern müssten. Das zugrunde liegende Programm ist kompliziert, aber es funktioniert vollautomatisch wie viele komplizierte Programme. Solange wir nicht störend eingreifen.

Vertrauen Sie der automatischen Koppelung von Wort und Bewegung. Jeder Eingriff stört die Feinabstimmung.

Wenden wir uns den persönlichen Eigenheiten zu: besondere Gesten, besondere Betonungen, besondere Bewegungsmuster. Manche Teilnehmer kommen kaum damit zurecht; sie wären lieber unauffällig. Zum Trost sei gesagt: Gerade das Auffällige macht uns unverwechselbar, gibt uns die persönliche Note. Und das meiste, was auffällt, stört die Beobachter nicht. Zwischen zu leise und zu laut, zwischen zu langsam und zu schnell, zwischen zu statisch und zu bewegt, zwischen zu monoton und zu exaltiert erstreckt sich ein weiter Bereich der Normalität, ein breites Band der Toleranz.

Die meisten Verhaltensweisen liegen in der breiten Zone des Normalen.

Selbst das fast extreme Verhalten wirkt nach einer gewissen Gewöhnungszeit schon wieder normal. Das Gute daran ist, dass man einen Kontrast erzeugt, sobald man sich aus den extremeren Bereichen zurückzieht. Vom dauernden lauten Sprechen ins leise ausweichen, das ist ein Kontrast. Vom Schnellen ins Langsame zurückgehen, ein Kontrast. Die starken Bewegungen reduzieren, ein Kontrast. Einen Kontrast zu setzen verlangt nicht, die Sendeleistung zu erhöhen. Es ist ein verbreiteter Irrtum, dass nur die starken Effekte ankommen. Wo alles dröhnt, fällt das Ruhige auf, wo alles bunt ist, das einfarbig Schwarze, wo alles aufsteigt, das Sinkende. Die Änderung zählt. Warum das wichtig ist? Weil die Aufmerksamkeit der Zuhörer durch Kontraste erregt wird. Was gleich bleibt, ob laut oder leise, schnell oder langsam, bewegt oder statisch, gibt der Aufmerksamkeit keine Nahrung. Aber jede Veränderung wird mit verstärkter Aufmerksamkeit registriert. Und von der Aufmerksamkeit der Zuhörer lebt der Erfolg der Sendung. Schon kleine Abweichungen vom gewohnten Erscheinungsbild bringen wertvolle Aufmerksamkeitspunkte ein.

Aufmerksamkeit ist die Basis des Erfolgs. Aufmerksamkeit entsteht dort, wo Veränderungen auftreten. Bieten Sie Veränderungen an.

Die Körpersprache (auch nonverbale Kommunikation genannt) ist der entwicklungsgeschichtlich älteste Teil der Verständigung. Mit ihm tauschen die Tiere ihre Botschaften aus. Untereinander und mit unsereinem. Frauchen sagt: Mein Hund versteht mich. Das heißt, der Hund ist geübt darin, die Körpersignale seines Frauchens zu entschlüsseln. Ihre schwungvolle Wendung zur Tür versteht er als Anzeichen zum Gassigehen, den Griff zum Büchsenöffner als Anzeichen der bevorstehenden Fütterung.

Auf den körpersprachlichen Kanälen wird simultan und in Überlagerung mitgeteilt:

- die Befindlichkeit des Senders (Selbstoffenbarung), zum Beispiel das strahlende Lächeln, das die gute Stimmung ausdrückt,
- die Handlungsabsichten, das heißt der Bezie-

hungsaspekt, der auf den Empfänger gerichtet ist, zum Beispiel das strahlende Lächeln, das der freundlichen Anrede unmittelbar vorausgeht,
- ein Teil des Inhalts, zum Beispiel das strahlende Lächeln, das eine gute Nachricht begleitet.

Eine dreifache Botschaft mit unterschiedlichen Akzenten.

Dasselbe gilt für die Gesten, die das Gesagte unterstreichen, verdeutlichen und verstärken. Versuchen Sie einmal, jemandem den Weg nach da vorne, dann rechts um die Ecke, ein Stück geradeaus und dann links eine Treppe hinunter ganz ohne Handbewegungen zu erklären. Die Hände deuten wie von selbst nach vorne, biegen nach rechts ab, zeigen geradeaus, schwenken dann links nach unten. Selbst dann, wenn die Beschreibung per Telefon geliefert wird, der Hörer die hilfreichen Winke garantiert nicht sehen kann, ist die Körpersprache aktiv.

Die drei Aspekte von Selbstoffenbarung, Handlungsabsicht und Inhaltsverstärkung stecken in Gesten, Haltungen, Kopfbewegungen, Blicken, mimischen Signalen. Da ist es nicht einfach, diese Komponenten auseinanderzuhalten.

Ein kurzes ärgerliches Verziehen der Mundwinkel kann bedeuten, dass der Sprecher gerade mit sich selbst nicht zufrieden ist, oder auch, dass er sich über die Unaufmerksamkeit seines Zuhörers erregt, oder auch, dass der Inhalt des Gesagten ihm gegen den Strich geht.

Weil das so ist, sind die Ratgeberbücher irreführend, die bestimmte Gesten konstant mit bestimmten Bedeutungen übersetzen: die verschränkten Arme als Barriere der Ablehnung, die überkreuzten

Beine als defensive Schranke, die Kopfwendung als Desinteresse, die hochgezogene Stirn als Überraschung und so weiter. Das kann alles schon mal zutreffen. Aber es kann auch andere Bedeutungsakzente vermitteln. Die genaue Zuordnung ist kaum möglich. Das heißt aber nicht, dass überhaupt keine Deutung möglich wäre.

Das strahlende Lächeln steht für positive entspannte Stimmung. Die hochgezogene Stirn für momentan angestiegene Anspannung. Eine Vielzahl kleiner schneller Bewegungen für innere Unruhe und Nervosität, hoher Muskeltonus signalisiert chronische Anspannung, gebeugte, schlaffe Haltung korrespondiert mit Niedergeschlagenheit. Die körpersprachlichen Signale bezeichnen die Richtung der Mitteilung (positiv – negativ, gespannt – entspannt), nicht ihre punktuelle Information.

Eine Sonderstellung nimmt das Blickverhalten ein. Information wird von dort bezogen, wohin der Blick gerichtet ist. Wer mich anschaut, für den bin ich momentan von Interesse, der erfährt momentan etwas über mich. Der Blickkontakt der Sprecherin signalisiert den Zuhörern, dass sie wahrgenommen werden und als Adressaten gemeint sind. Der Blickkontakt ist eines der wichtigsten Mittel, um die Aufmerksamkeit der Zuhörer zu gewinnen und zu erhalten. Außerdem bemerkt die Sprecherin dann sofort, wenn die Zuhörer nichts verstehen oder sich langweilen, und kann umgehend darauf reagieren. Aber auch die Abwendungen des Blicks sind nicht zufällig verteilt. Sie treten vorzugsweise dann auf, wenn gerade intensiv nachgedacht oder nach der Fortsetzung der Formulierung gesucht wird. Aussagekräftig sind auch Selbstberührungen; die Hand an der Nase reibend, den Kopf kratzend, die Haare streichend, am Ohr zupfend, über Wange und Kinn streichend. Solche Episoden treten bevorzugt dann auf, wenn Verlegenheit, Ungewissheit, Selbstzweifel sich ausbreiten. Zwar kann von außen nicht festgestellt werden, was genau der Anlass ist. Aber auf den Beobachter wirken die Selbstberührungen doch als Zeichen momentaner Unsicherheit oder Schwäche. Wer einen dominanten, selbstsicheren Eindruck hinterlassen möchte, sollte Selbstberührungen aus seinem Repertoire herausnehmen. Aber selbstverständlich können Selbstberührungen auch gezielt eingesetzt werden. Zum Beispiel, wenn ich meinen Zuhörern signalisieren möchte, dass ich gerade voller Zweifel bin und keine glatte Fortsetzung kenne. Und es gibt oft genug Gelegenheiten, genau diese Botschaft, die zum gemeinsamen Nachdenken und zur offenen Diskussion einlädt, auszusenden.

Achten Sie auf Ihre Körpersprache:

- Versuchen Sie, sicher und gerade zu stehen.
- Suchen Sie Blickkontakt zu Ihren Zuhörern.
- Setzen Sie Ihrer natürlichen Gestik keine Grenzen.
- Vermeiden Sie aber, sich selbst zu berühren.

Wenn visuelle Aufzeichnungen als Anschauungsmaterial greifbar sind, sollte man sich unbedingt einmal seinen Auftritt im schnellen Vorlauf und ohne Ton betrachten. Die persönlichen Eigenarten, die typischen Bewegungsmuster werden oft erst im Zeitraffer richtig deutlich. Außerdem ist es lustig und entspannt die gesamte Arbeitsatmosphäre. Hinweis: Wer im Zeitraffer nicht ein bisschen hektisch oder clownesk aussieht, muss sich fragen, ob er in Echtzeit womöglich zu langsam und bewegungsarm agiert.

Abgerechnet wird zum Schluss – Feedback geben

Greifen wir die Aufzeichnung der Vorstellung aus dem zweiten Kapitel noch einmal auf:

Nachdem die Vorstellung live erlebt, im Playback noch mal erlebt und im Zeitraffer als Slapstick genossen wurde, ist es Zeit, die Eindrücke als Feedback wiederzugeben. Der Sprecherin mitzuteilen, wie sie auf mich gewirkt hat. Auch in diesen Rückmeldungen ist ein Stück Selbstoffenbarung (gerne gebe ich dir Bescheid), die mit einem Anteil Beziehungsfragen (du hast mir gut gefallen) und einer großen Portion Inhaltsanalyse verbunden ist (den Teil mit der Berufswahl habe ich nicht ganz verstanden). Diese Komponenten kann man zu trennen versuchen. Aber wichtig ist, dass die Sprecherin etwas aus den Rückmeldungen lernen kann.

Daher sind konkrete Hinweise den allgemeinen, diffusen und pauschalen unbedingt vorzuziehen. Nicht: Ich habe dich gut verstanden und dir mit Interesse zugehört. Sondern: Die kurzen, klaren Aussagen, die du gemacht hast, konnte ich sofort verstehen. Dass du sie lebendig betonst und mich dabei anschaust, fand ich interessant. Nicht: Irgendwie fand ich deine Äußerungen ermüdend. Sondern: Deine monotone Sprechweise hat es mir bald schwer gemacht, aufmerksam zu bleiben. Dabei hast du mehrmals mit den Schultern gezuckt und den Kopf geschüttelt. Das sah für mich aus, als wäre dir selbst nicht so wichtig, was du sagst.

Formulieren beziehungsweise verlangen Sie das Feedback so konkret wie möglich.

Wir neigen dazu, Aussagen über andere als sogenannte Du-Botschaften zu formulieren. Du bist großzügig. Du bist blöd. Du bist immer so nachtragend. Du bist ganz schön mutig. Du bist arrogant, unsicher, unpünktlich … gewissenhaft, einfallsreich, verständnisvoll.

Das geht schnell, ohne Umstände, eignet sich gut für Konflikte, in denen man ohne Umstände schnelle Punkte sammeln oder den anderen empfindlich treffen möchte. Aber bei genauerer Betrachtung erkennen wir, dass wir überhaupt nicht sicher wissen können, ob unser Gegenüber wirklich mutig oder arrogant, blöd oder einfallsreich, gewissenhaft oder knausrig ist. Wir wissen nur, welchen Eindruck es auf uns macht. Und wir können uns bemühen, die Besonderheiten des Verhaltens zu benennen, die diesen Eindruck in uns hervorrufen. Wenn uns das gelingt, ist es nicht wenig wert. Denn unser Gegenüber braucht von uns nicht zu erfahren, wie es wirklich ist (das weiß es meistens sowieso besser), sondern für das Gegenüber ist wichtig, wie es bei uns ankommt, auf uns wirkt.

„Wie du wirklich bist, weiß ich nicht. Ich weiß aber, wie du auf mich wirkst."

Es nützt ihm nichts, wenn es seine Großzügigkeit kennt, aber für knausrig gehalten wird. Wenn es freundliche Empfindungen hegt, aber als arrogant wahrgenommen wird. Wenn es schlau ist, aber für blöd gehalten wird. Das Umgekehrte wäre zwar besser, aber auch verkehrt.

Wie wir auf andere wirken, das entscheiden nicht unsere wahren Eigenschaften. Das entscheiden die anderen. Anders gesagt: Der Empfänger hat immer recht. Solange er seine Eindrücke ehrlich wiedergibt. Daraus gewinnen wir eine wichtige Feedback-Regel:

Sagen Sie Ihrem Gegenüber nicht, wie es ist. Sagen Sie ihm, wie es wirkt.

Wenn ich der Feedback-Empfängerin sage, wie sie ist, begebe ich mich auf unsicheren Grund und provoziere Widerspruch. Vor allem negative Äußerungen wird sie als Eingriff in ihre Intimsphäre, als Angriff auf ihre Person empfinden und mit der Botschaft nicht einverstanden sein. Dann ist der nächste Streit nicht mehr weit. (Du sagst, ich bin muffig, aber tatsächlich bin ich lustig. Du bist ein Trottel, wenn du das nicht erkennst.) Wenn ich meine Eindrücke schildere, kann die Feedback-Empfängerin das eher akzeptieren (Du findest mich muffig, das ärgert mich, wo ich doch eigentlich lustig bin. Was ist denn da schiefgegangen, wie kann ich das ändern?) und die Chance auf einen konstruktiven Dialog ist erheblich größer.

Noch aufschlussreicher wird das Feedback natürlich, wenn mehrere Beobachter im Spiel sind. Wenn das allgemeine Urteil einhellig in eine bestimmte Richtung geht (muffig, lustig, lebendig), sind die Signale, Zeichen, Botschaften vermutlich ziemlich deutlich und eindeutig. Es kommt aber oft genug vor, dass die Wirkung auf verschiedene Beobachter ganz unterschiedlich ausfällt. Die einen finden Stefan Raab witzig und frech, die anderen unverschämt und ordinär, wieder andere vielleicht platt und laut. Eine gute Methode, das Meinungsbild verschiedener Beobachter schnell zusammenzutragen, besteht darin, dass alle auf einem Zettelchen mit einem einzigen Wort ihren vorherrschenden Eindruck festhalten. Nachdem reihum abgefragt wurde, kann man herauszufinden versuchen, welche konkreten Verhaltensweisen den Eindruck hinterlassen haben. Wenn die Aussagen stark streuen, sind die Signale meist uneindeutig oder widersprüchlich. Auch das ist eine wichtige Information für die Empfängerin, dass sie von den Beobachtern auf sehr unterschiedliche Weise wahrgenommen wurde.

Die Zettelchen eignen sich auch sehr gut, um Wünsche zu äußern. Ein Hauptwunsch genügt: Lebendigkeit. Klarheit. Entschlossenheit. Ruhe. Bewegung. Engagement. Die Wünsche der verschiedenen Zuhörer geben die Richtung vor, in die man sich nach Möglichkeit bewegen sollte.

Noch destruktiver als die reinen Du-Aussagen sind die deutenden Du-Aussagen. Hier erreicht das Eindringen in die vermutete Psyche des anderen seinen Tiefpunkt. Du verschränkst deine Arme, weil du dich gegen mich abschotten willst. Du hast eben zur Decke geblickt, weil du den Kontakt vermeidest. Du lächelst, weil du deine Unsicherheit zu kaschieren versuchst. Du reibst deine Nase, weil dir sexuelle Nebengedanken durch den Kopf gegangen sind. Du sprichst leise, weil du gehemmt und verklemmt bist.

Solche Übergriffe belasten die Atmosphäre und provozieren Widersprüche und Rechtfertigungen. Damit kommen wir nicht voran. Dürfen solche Eindrücke nicht angesprochen werden? Doch, aber nicht als enthüllende Behauptungen, sondern als Eindrücke und ohne abwertende Vokabeln: Du hast zur Decke geblickt und ich kam mir etwas vernachlässigt vor. Du sprichst so leise, das wirkt auf mich sehr gehemmt. Und die Nasenberührung? Eine Selbstoffenbarung dessen, der sie anspricht? Manche Gedanken sollte man vielleicht besser für sich behalten.

Vermeiden Sie Du-Botschaften, diese können leicht verletzend wirken.

Hilfreich für die Sprecherin ist auch die Rückmeldung über besonders gelungene Momente. Diese Stelle hat mir besonders gut gefallen, weil du ganz konzentriert gewirkt hast. Oder weil der wesentliche Punkt durch Betonung und Gestik hervorgehoben wurde. Hier hast du meine Aufmerksamkeit durch einen Haltungswechsel im richtigen Moment erregt, dort schien mir, dass du deiner Sache sehr sicher warst und diese Sicherheit auch durch Kopfnicken und intensiven Blickkontakt bei mir ankam.

Auf diese Weise werden ganz gezielt die Verhaltenselemente herausgehoben und verstärkt, die positiv auf die Empfänger wirken. Wie gesagt, die Kunst besteht darin, das Beste aus dem Vorrat der Möglichkeiten herauszuholen. Und so wird sie eingesetzt.

Die anerkannten Momente gesteigerten Gelingens ermutigen die Sprecherin. Sie erlebt, dass sie über die notwendigen Fähigkeiten verfügt. Sie kann sich an die Selbstwahrnehmung in diesem Moment erinnern und versuchen, öfter in diesen Zustand zu gelangen. „Mach's noch mal" ist ein guter Vorsatz, wenn er sich auf die gelungenen Produktionen bezieht.

Es gibt ein stabiles Kriterium für den Erfolg eines Auftritts. Selbst wenn die Zuhörer meine Wirkung, den Eindruck, den sie von mir gewonnen haben, übereinstimmend als arrogant, blöd, unsicher benennen. Nämlich dann, wenn ich arrogant oder blöd oder unsicher wirken wollte. Der bewusste Einsatz der Mittel, der den angestrebten Zweck erfüllt, kann nur als gelungen bezeichnet werden. Aber das führt dann schon in die Schauspielkunst hinüber und dieses Spielfeld wollen wir nicht betreten.

Die Härten der Selbstkonfrontation

Wer seine Stimme zum ersten Mal als Tonaufzeichnung hört, ist zunächst unangenehm berührt, womöglich sogar erschrocken. Da können die anderen sagen: Eine schöne Stimme hast du. Sie kennen es nicht anders. Aber die eigene Stimme von außen hört sich befremdlich anders an, als man sie aus dem eigenen Kopf gewöhnt ist. Die Differenz von außen und innen mag akustisch bedingt sein, psychologisch muss sie erst einmal verarbeitet werden. Dass ich anders klinge, als ich bisher dachte, wird anfangs negativ, als Beschädigung des Selbstbilds erlebt.

Ein vergleichbarer Effekt stellt sich bei der ersten Konfrontation mit dem eigenen Abbild auf dem Bildschirm ein. Die Person dort sieht zwar so ähnlich aus wie ich, aber sie spricht anders, bewegt sich anders, macht komische Sachen. Für manche ist die Selbstkonfrontation anfänglich so unerträglich, dass sie überhaupt nicht hinschauen.

Hilfreich ist dabei die Fokussierung der Aufmerksamkeit auf konkrete Einzelheiten: Sie erinnern sich an die Anspannung, die Sie eben beim Sprechen noch spürten? Woran können Sie die Anspannung, von außen betrachtet, erkennen? Wo erkennen Sie Besonderheiten des Sprechens, wie steht es mit Lautstärke, Deutlichkeit, Betonung? Hätten Sie gedacht, dass Sie so schnell/langsam, lebhaft/gedämpft, laut/leise sprechen? Welche körpersprachlichen Mittel setzen Sie bevorzugt ein: Mimik, Gestik, Kopfbewegungen? Wie steht es mit dem Blickkontakt? Die Konzentration auf wichtige Einzelheiten neutralisiert die emotionale Betroffenheit gegenüber dem Ganzen.

Entspannend wirkt der Umstand, dass das Feedback-Urteil der anderen normalerweise freundlicher und toleranter ist als das eigene. Wenn die anderen mit mir und meinen Absonderlichkeiten zufrieden sind, dann kann ich mich auch leichter damit arrangieren.

Allen, die das Fremdeln vor dem Video-Ich noch vor sich haben, sei gesagt: Man gewöhnt sich erstaunlich schnell an sich selbst. Der Überraschungseffekt ist rasch verbraucht. So sieht das also aus, wenn ich spreche, wenn ich mich verhasple, wenn ich gut vorankomme, in Stress gerate und wieder herausfinde. Das kenne ich jetzt. Darum brauche ich mich nicht mehr groß zu kümmern. Die Kamera als Stressfaktor verliert ihre Bedeutung und damit wird wieder Kapazität frei für die inhaltlichen Aspekte des Sprechens.

4
Wo ist meine Meinung?

In einer kleinen Abhandlung stellt Heinrich von Kleist die Behauptung auf, eine Meinungsäußerung könne während des Sprechens, also gleichsam unterwegs, entwickelt werden. Zum Beleg seiner These zitiert er ein Statement, das am Vorabend der Französischen Revolution Graf Mirabeau geäußert hat: Die französische Nationalversammlung ist soeben vom König für aufgelöst erklärt worden. Die Delegierten sollen den Saal verlassen. Der Zeremonienmeister des Königs fragt die Versammelten, ob sie den Befehl des Königs vernommen hätten. Da steht Mirabeau auf und setzt zu seiner Erwiderung an: „Ja, wir haben des Königs Befehl vernommen." – Ich bin gewiss, dass er bei diesem humanen Anfang noch nicht an die Bajonette dachte, mit denen er schloss (kommentiert Kleist). „Ja, mein Herr, wir haben ihn vernommen." – Man sieht, dass er noch gar nicht recht weiß, was er will (fügt Kleist hinzu). „Doch was berechtigt Sie" – fuhr er fort, und nun plötzlich geht ihm ein Quell ungeheurer Vorstellungen auf –, „uns hier Befehle anzudeuten? Wir sind die Repräsentanten der Nation." – Das war es, was er brauchte! „Die Nation gibt Befehle und empfängt keine." – Um sich gleich auf den Gipfel der Vermessenheit zu schwingen. „Und damit ich mich Ihnen ganz deutlich erkläre." – Und erst jetzt findet er, was den ganzen Widerstand ausdrückt, zu welchem seine Seele gerüstet dasteht: „So sagen Sie Ihrem König, dass wir unsre Plätze anders nicht als auf die Gewalt der Bajonette verlassen werden." –

Worauf er sich, selbstzufrieden, auf einen Stuhl niedersetzte.

Alle Achtung. Da ist nach schwachem Start die Sache zu einem starken Ende gekommen. Zitiert wird dieser rhetorische Geistesblitz des Grafen vor allem deshalb, weil er die Ausnahme darstellt. Im Normalfall erreichen die während des Sprechens entwickelten Gedanken nicht diese Geschlossenheit und Qualität. Dass die spontane Meinungsäußerung zu einer breit diskutierten Frage wie der, ob der Transrapid in München gebaut werden sollte, auch zur Lachnummer werden kann, hat ein bayerischer Ministerpräsident unfreiwillig, aber überzeugend demonstriert:

„Wenn Sie vom Hauptbahnhof in München mit zehn Minuten, ohne dass Sie am Flughafen noch einchecken müssen, dann starten Sie im Grunde genommen am Flughafen, am am Hauptbahnhof in München starten Sie Ihren Flug zehn Minuten … Wenn Sie vom Flug- äh vom Hauptbahnhof starten, Sie steigen in den Hauptbahnhof ein, Sie fahren mit dem Transrapid in zehn Minuten an den Flughafen in an den Flughafen Franz Josef Strauß, dann starten Sie praktisch hier am Hauptbahnhof in München – das bedeutet natürlich, dass der Hauptbahnhof im Grunde genommen näher an Bayern an die bayerischen Städte heranwächst, weil das ja klar ist, weil aus dem Hauptbahnhof viele Linien aus Bayern zusammenlaufen."

Einerseits verstehen wir schon den wesentlichen Inhalt, dass durch den Transrapid die Fahrzeit vom Hauptbahnhof zum Flughafen so verkürzt würde, dass der Flug eigentlich schon im Bahnhof beginnt –

ein Vorteil, den andere Flughäfen nicht bieten können. Andrerseits erleben wir mit Grausen oder mit Schadenfreude, wie die verschiedenen Gedanken sich gegenseitig im Weg stehen und bedrängen. Es fehlt ein klarer Plan, der die genaue Abfolge der einzelnen Teilargumente regeln würde.

Zu Fragen wie der, ob München den Transrapid braucht, hat außer dem Ministerpräsidenten beinahe jeder andere Mensch auch seine Meinung. Das gilt auch für Fragen wie: „Sollen Kampfhunde an die Leine?“ oder „Wäre es richtig, eine Pkw-Maut auf Autobahnen einzuführen?“ oder „Sollen Dicke höhere Beiträge zur Krankenversicherung bezahlen?“

Diese Fragen liegen gleichsam in der Luft. Sie tauchen in aktuellen Diskussionen, gleich ob sie in den Medien oder am Stammtisch geführt werden, immer wieder auf. Wenn sie von namhaften Politikern aufgegriffen werden, lösen sie Fluten von Leserbriefen aus. Weil jeder mit diesen Fragen schon in Berührung gekommen ist, kann auch von einer Informationsbasis ausgegangen werden, auf die sich stützen kann, wer mit einer dieser Fragen konfrontiert wird. „Klar sollten Kampfhunde angeleint werden, damit sie nicht noch mehr Kinder anfallen.“ „Eine Maut wäre richtig, weil wir im Ausland ja auch für die Autobahnbenutzung zur Kasse gebeten werden.“ „Selbstverständlich sollten die Dicken mit ihren vielen Gesundheitsproblemen höhere Beiträge bezahlen.“ Oder in die Gegenrichtung: „Wenn die Kampfhunde dauernd festgebunden werden, dann sind sie ja noch aggressiver.“ „Die Einführung der Maut kostet mehr, als sie einbringt.“ „Dann müssten aber auch die Raucher, Säufer, Sportler mehr bezahlen.“ Das Spektrum der vertretbaren Meinungen ist breit.

Übung: Spontanes Statement

Nicht jeder muss vor großem Publikum ohne Vorbereitung ans Rednerpult, um den Transrapid zu loben oder den Leinenzwang für Problembären zu begründen. Aber dass einem unversehens ein Mikrofon unter die Nase gehalten wird, mit der Bitte des Reporters, doch schnell mal seine Meinung zu sagen zum Bau von Moscheen in deutschen Städten, das kommt schon vor. Oder dass der Chef in einer Konferenz ohne Vorankündigung einen kleinen Zwischenbericht zum Projektstand hören will. Solche Gelegenheiten lassen dann den Wunsch aufkommen, man hätte mehr Erfahrung mit dem Formulieren spontaner Statements gesammelt.

Ist es Ihnen inzwischen gelungen, zwei oder drei Zuhörer für kleine Übungen zu organisieren? Dann ist es an der Zeit, das eben Gesagte mit einer kleinen Übung zu vertiefen. Die Mitspieler notieren eine dieser Allerweltsfragen auf eine kleine Karte. Dabei ist es wichtig, keine Fragen zu stellen, die an ethische oder politische Grenzen gehen. Beispiele für verbotene Fragen sind: Wie stehen Sie zur Abtreibung? Wie stehen Sie zur Todesstrafe? Sollten Kinderschänder kastriert werden? Dürfen Organe unklarer Herkunft transplantiert werden? Darf ein Terroristenflugzeug voller unschuldiger Passagiere abgeschossen werden? Die Antwort, wie immer sie ausfällt, greift zu tief in die ethische Intimsphäre der Bearbeiter ein.

Die Videokamera im Hintergrund läuft natürlich mit. Wer an der Reihe ist, holt sich eine Fragenkarte, geht ans Rednerpult und vertritt seine Meinung dazu.

Die **Spielregeln** sind einfach: Die Frage vorlesen und mindestens eine Minute darüber sprechen. Die Schwierigkeiten bringt jeder Mitspieler als Anspruchsniveau selber mit. Man möchte ja nicht einfach drauflos plaudern. Schlau sollte es schon sein, und logisch geordnet, und möglichst überzeugend, dazu vollständig, ausgewogen, und pfiffig sowieso. Brillanz auf Abruf, das ist schon ein großer Wunsch. Wenn es dann hinterher doch nicht so gut geworden ist, wird als erste Entschuldigung die fehlende Bedenkzeit aufgeführt.

Bei der direkten Beobachtung der Sprecher vor dem Auftritt zeigt sich, wie um die kostbaren Sekunden gerungen wird. Wettbewerbe im Langsamgehen werden ausgetragen, nonverbale Vorbereitungen wie Zurückstreichen der Haare, Hochschieben der Ärmel, Hände reiben, die Kleidung zurechtrücken treten gehäuft auf. Oft werden dann noch kurze Kommentare vorgeschoben wie: „Das ist aber eine schwierige Frage“ oder „Von dieser Frage bin ich jetzt total überrascht.“ Solche Kommentare nennen die Kommunikationsforscher „Metakommunikation“, das heißt Äußerungen, die über andere Äußerungen abgegeben werden. Metakommunikation hat ihre konstruktiven Seiten; sie trägt in Konfliktsituationen oft dazu bei, Abstand und damit Übersicht zu gewinnen. Aber es sollte klar sein, dass jede Metakommunikation einen erhöhten Standpunkt einnimmt. Ich gebe dabei ja ein Urteil über die Frage ab, beanspruche also die Position eines Richters. Dieser Anspruch geht den anderen auf die Nerven, wenn er zu penetrant erhoben wird. Wer hat nicht schon innerlich gestöhnt, wenn ein Politiker eine Interviewfrage zunächst kommentierend umschreibt: „Es freut mich, dass mir hier Gelegenheit geboten wird, zu dieser wichtigen Frage Stellung zu nehmen. Allerdings ist die Frage so, wie sie hier formuliert wurde, nicht ganz richtig gestellt. Sie gestatten daher, dass ich die Frage in ihren Kontext einbette und auf diese Weise dem eigentlichen Problem näherkomme …?“

Zeit gewonnen, Sympathiepunkte verloren.

Dosieren Sie die Metakommunikation vorsichtig, um nicht überheblich zu wirken.

Aber irgendwann sind die Verzögerungen ausgereizt und es geht zur Sache. Die Frage muss irgendwie erschlossen werden. Dazu ist ein erster Einfall nötig, zum Thema Maut etwa der Einfall: „In Italien muss ich auch dafür bezahlen.“ Der erstbeste Einfall ist selten der beste. Aber mit ihm muss zunächst gearbeitet werden, denn ein anderer ist vielleicht noch nicht greifbar. Fatal wäre es, diesen Einfall nur zu nennen, statt ihn eingehend zu bearbeiten.

Ökonomisch umgehen mit den Einfällen

Wenn mit der Nennung der Einfall schon verbraucht ist, dann muss sofort der nächste her – und woher nehmen auf die Schnelle? Die ressourcenschonende Bearbeitung könnte etwa so aussehen (in Klammern stehen die Nebeneinfälle, die vielleicht eine Fortsetzung eröffnen):

Wer in Italien mit dem Auto unterwegs ist, kennt diese Kassierstellen an der Autostrada (das kann auch ganz schön lästig sein, und die Gefahr ist, dass Staus entstehen).

Da steckt man das Ticket ein und erst wenn kassiert ist

(wie viele Leute da eingesetzt sind, das bringt jede Menge Arbeitsplätze), öffnet sich die Schranke.

Bis man vom Brenner bis nach Rom durchgefahren ist, hat man ganz schön viel Maut bezahlt (das muss eine gute Einnahme für den Staat sein).

Das kommt den Italienern und den Touristen ganz normal vor, diese Gebühren zu bezahlen, deshalb könnte man sich gut vorstellen, dass ein solches System auch bei uns eingeführt wird (ist doch auch ungerecht, dass die ausländischen Touristen bei uns umsonst durchfahren dürfen).

An dieser Stelle ist der erste Einfall zunächst einmal verwertet und eine ernsthafte Schwierigkeit taucht auf: Wie soll es nun weitergehen?

Gerade eben war da der Nebengedanke mit der Gerechtigkeit, das könnte eine Fortsetzung ergeben. Aber auch das Thema „Arbeitsplätze" oder das Thema „Einnahmen für den Staat" könnte jetzt aufgegriffen werden. Vielleicht fällt mir dabei ein, dass die steuerliche Belastung der Autofahrer ohnehin schon recht hoch ist, die Maut deswegen mit einer Senkung der Mineralölsteuer ausgeglichen werden sollte – und so weiter.

An dieser Skizze eines möglichen Verlaufs, die vielen echten Beiträgen nachempfunden ist, zeigen sich einige Besonderheiten unvorbereiteter Redebeiträge:

- Der Ablauf hängt von den spontanen Assoziationen ab. Was mir gerade einfällt, bringt mich weiter. Was ich darüber hinaus noch wüsste, aber was mir momentan nicht einfällt, das hilft mir nicht.

- Es ist nicht einmal für mich selbst vorhersagbar, was mein nächster Einfall sein wird. Daraus ergibt sich eine etwas chaotische, sprunghafte Gesamtanlage. Hinterher hadern manche Mitspieler mit sich, die diese Besonderheit besonders deutlich empfunden haben. Sie sagen, sie hätten das Thema leider nicht geordnet erörtert. Auch wenn der assoziative Kurs sehr viele thematische Aspekte berührt hat, wird diese scheinbar zufällige, spontane und unkontrollierbare Reihung von Gedanken als Mangel erlebt.
- Noch schlimmer wirkt sich die Tatsache aus, dass ich nicht einmal vorhersehen kann, ob ein nächster Einfall überhaupt verfügbar sein wird. Daraus entstehen dann Warteschleifen, in denen das eben Gesagte leicht abgewandelt wiederholt wird in der Hoffnung, eine weiterführende Idee möge sich zeigen. Oder wirkliche Notbremsungen von der Art: „Mehr fällt mir dazu gerade nicht ein." Daraus folgt aber auch, dass bei dieser Übung ein geplanter Ablauf mit einem geplanten und prägnanten Abschluss nicht erwartet werden kann.
- Den meisten geht irgendwann der Stoff aus und sie retten sich in einen Notschluss. Manchen Dampfplauderern fällt aber immer noch etwas ein, sie kommen vom Hundertsten ins Tausendste und verlieren womöglich das Thema aus dem Auge. Dann wurde zwar viel gesprochen, aber das Gesamtergebnis ist unübersichtlich. Dass ein Sprecher sich wohlfühlt, mit sich zufrieden ist, ist das eine. Aber das eigentliche, das erstrangige Kriterium ist doch: Konnten die Zuhörer verfolgen, verstehen und aufnehmen, was der Sprecher ihnen sagte?

Wir sprechen, um gehört und verstanden zu werden. Von einer ungeordneten Gedankenfülle bleibt den Zuhörern wenig.

Die Fülle dessen, was unser Gedächtnis zu einem Thema an Informationen (thematische Fakten) und Assoziationen (Querverbindungen zu anderen Themen) bereithält, können wir leider nicht direkt erfassen. Wir verfügen über kein Display, das uns die verfügbaren Gedächtnisdateien anzeigen würde. Der Gedächtnisspeicher ist für seine Benutzer nicht überschaubar. Wir hangeln uns von einem Einfall zum nächsten, wissen weder die Reihenfolge noch das Ende, wissen am Ende auch nicht, ob nicht noch brauchbare Speicherinhalte dagewesen wären. Aus einem so undurchsichtigen Speicher kann ein klares Statement nicht aus dem Stegreif bezogen werden.

Wo ist dann meine Meinung? Irgendwo da drinnen.

Die Entleerung des Speichers

Die Tücken und Lücken des assoziativen Speichers kann man sich mit der folgenden Übung verdeutlichen:

Nehmen Sie sich ein Blatt Papier, einen Stift und eine Uhr. Das Blatt wird in drei Abschnitte unterteilt. Notieren Sie im ersten Abschnitt so viele Tiere mit dem Anfangsbuchstaben F wie möglich. Eine Minute lang. Dann eine weitere Minute im zweiten Abschnitt Tiere mit F. Und eine dritte Minute im dritten Abschnitt wieder Tiere mit F.

Was kommt bei diesem Selbstversuch heraus? In der Tendenz nimmt die Anzahl der Funde von einem Abschnitt zum nächsten ab – die vertrauten Speicherinhalte (der Fuchs vielleicht und der Fisch) lassen sich anfangs schnell abrufen, das Seltene dauert etwas länger. Das

Produktionstempo ist sehr ungleichmäßig und die Pausen zwischen zwei Funden werden tendenziell länger. Die entlegenen Funde verbrauchen mehr Suchzeit. Eine alphabetische Ordnung, die vom Falter zum Frosch führen würde, ist nicht erkennbar. Assoziative Inseln, von der Feldmaus zum Feldhasen, von der Fliege zur Fledermaus zum Flughund und zum Flughörnchen, tauchen auf. Dann breitet sich wieder leere Einfallslosigkeit aus. Aber es bleibt ungewiss, ob der Speicher wirklich all seine Vorräte hergegeben hat. Auch nach langem Grübeln könnte sich noch irgendwo der Feuersalamander versteckt halten. Oder der Flamingo.

Die Auflösung steht im Register von „Brehms Tierleben“ unter Buchstabe F.

Ärger mit dem Blickkontakt

Beim Feedback zu dieser Übung sollte besonders auf ein Phänomen hingewiesen werden, das sich fast zwangsläufig einstellt, nämlich die Reduzierung des Blickkontakts. Die Erklärung ist einfach. Das Gehirn des Sprechers arbeitet unter hoher Belastung. Zum einen werden die thematischen Ideen in Sprache umgesetzt, zweitens werden während dieser Formulierungsarbeit Assoziationen gesucht, die für die Fortsetzung gebraucht werden könnten, und drittens liefert der Blickkontakt mit dem Publikum eine Fülle von Beziehungsinformationen. Die einen schauen interessiert zum Sprecher, andere sind offenbar nicht bei der Sache, wieder andere machen sich Notizen, einer lacht – doch wohl nicht über mich? Dass viertens, fünftens, sechstens womöglich noch Nebenaufgaben der Art „Ich sollte laut und deutlich sprechen, wohin mit den Händen? Welche kleinen Füllwörter wollte ich eigentlich vermeiden?“ mitlaufen, erhöht die geistige Belastung zusätzlich. Wenn die Gesamtbelastung zu groß wird, werden die gleichzeitig laufenden Aufgaben reduziert. Kein Gedanke mehr an die Hände und an verbotene Wörter. Die Qualität könnte ein wenig leiden, aber die Sendung geht weiter. Falls diese Entlastung nicht ausreicht, muss weiter reduziert werden. Die sprachliche Umsetzung darf davon nicht betroffen sein, sonst bricht die Sendung ab, die assoziative Suche nach der Fortsetzung auch nicht, sonst bleibt die Sendung demnächst stecken. Bleibt der visuelle Input über den Blickkontakt als Entlastungsoption. Er kann durch das Schließen der Augen unterbrochen werden. Das kommt aber eher selten vor. Alternativ wandert der Blick an die Decke, seitwärts aus dem Fenster, nach unten auf Tisch oder Boden. In die neutralen Zonen, die wenig Information liefern. Der Lehrerspott „Das Wort steht nicht an der Decke" geht fehl; Schüler weiß das, aber beim Nachdenken, beim Speichergraben nach dem richtigen Wort ist die stille, einfarbige Decke weniger ablenkend als der Blick in die feixenden Gesichter der Klassenkameraden. Ganz trickreich ist der Blick ins Unendliche, über die Köpfe der Zuhörer hinweg. Sieht beinahe aus, als würde die Brücke weiter bestehen. Funktioniert aber nur, wenn die Zuhörer zahlreich und weit genug entfernt sind. Eine wichtige Variante der Abwendung ist der Blick auf das Blatt. Die Sogkraft, die vom Blatt ausgeht, ist erstaunlich. Da steht nur die eine Frage. Der Sprecher kennt sie schon, er arbeitet daran, sie hat sich nicht verändert. Aber eben deshalb ist der Blick darauf keine Belastung. Die Sogkraft nimmt mit der Menge und Wichtigkeit des Geschriebenen zu.

Wenn da unten auf dem Blatt ein fertiger, mit viel

Mühe fabrizierter Text steht, prall gefüllt mit bedeutenden Gedanken und gelungenen Formulierungen, kann man sich kaum noch davon lösen. Schon um nichts Wertvolles versehentlich auszulassen. Dann wird der Vortrag zur Lesung, mit allen Nachteilen.

Blicken Sie immer nur kurz auf Ihre vorbereiteten Unterlagen. Nichts lähmt ein Publikum mehr als ein monotones Ablesen.

Pflegen Sie den Blickkontakt zu Ihrem Publikum, dazu nehmen Sie wenig Text mit.

Spontanes Statement: Kleines Fazit

Wozu ist die Übung „Spontanes Statement" gut? In ihr lässt sich unmittelbar erleben, dass es nicht genügt, einiges über ein Thema zu wissen, wenn kompetent darüber gesprochen werden soll. Man kann sich selber beim assoziativen Denken beobachten. Man kann sich selber beobachten beim Umgang mit Schwierigkeiten, vor allem in den Übergängen zwischen zwei Einfällen.

Aus diesem Gedankenslalom mit allen Hängern und Rutschern letztlich doch heil herauszukommen ist ein Erfolgserlebnis. Zu erleben, dass auch ein Sturz keine Katastrophe bedeutet, ist ein Stück Stressabbau.

Vor allem aber: Durch diese Übung lernen wir schätzen, wie wichtig ein Plan ist.

Um zu erfahren, wie wenig Bedenkzeit gebraucht wird, um einen Plan aufzustellen, begeben wir uns zur nächsten **Übung**, dem Statement mit Vorbereitung.

Übung: Statement mit Vorbereitung

Die Fragen sind denen der ersten Runde vergleichbar.

Aber im Unterschied zur vorigen Übung dürfen diesmal fünf Minuten lang Gedanken gesammelt, notiert und geordnet werden. Die Notizen stehen beim Vortrag zur Verfügung. Fünf Minuten scheinen kurz zu sein für Fragen des Kalibers: „Würden Sie eine genmanipulierte Tomate essen?“ Aber die Vorbereitungen kommen rascher voran, als man glauben möchte.

Paretokurve

Die zentrale Aussage der nach einem ihrer Entdecker benannten Arbeitskurve ist, dass am Anfang eines Projekts pro Zeiteinheit die wichtigen Entscheidungen getroffen werden, dass anfängliche Übungsgewinne pro Zeiteinheit größer sind als spätere, dass mit 20 Prozent der Kenntnisse 80 Prozent der anfallenden Arbeiten bewältigt werden. Dass die ersten 50 Prozent einer Aufgabe verhältnismäßig rasch erledigt werden, dass aber die letzten fünf Prozent bis zur Perfektion sich endlos hinziehen. In unserem Kontext sagt die Paretokurve aus, dass in fünf Minuten schon der Grundriss eines kleinen Referats skizziert werden kann. Die verbleibenden zwei Wochen könnten dann für die ausgefeilte Gestaltung der Folien aufgewendet werden.

Damit die fünf Minuten der Vorbereitung möglichst fruchtbar genutzt werden, bekommen die Bearbeiter einige Hilfestellungen.

Drei schwierige Stellen sind bei jedem Referat zu beachten: der Anfang, der Schluss und das Stück dazwischen.

Der Anfang eines Referats

Der Anfang ist deshalb besonders wichtig, weil sich hier ein großer Wechsel ereignet. Ein Mensch, der vorher stumm unter den Zuhörern saß, tritt auf und beginnt zu sprechen. Ein großer Wechsel hinterlässt eine deutliche Erinnerungsspur bei den Zuhörern. Diese Chance sollte genutzt werden, indem gleich am Anfang etwas Bemerkenswertes platziert wird. Zudem ist am Anfang die Aufmerksamkeit besonders groß. Es sollte also zur Belohnung schon etwas Interessantes geboten werden. Als Einstieg könnte ein aktuelles Ereignis aufgegriffen werden. Oder die Sprecherin stellt den persönlichen Bezug zum Thema her. Die persönliche Betroffenheit (im Jargon: ego-involvement) bietet die beste Chance, dass das Thema engagiert besprochen wird und damit vom Spiegeleffekt profitiert. Es ist erstaunlich, wie oft bei großen allgemeinen Fragen der persönliche Bezug hergestellt werden kann.

Beispiele für einen gelungenen Einstieg

„Immer, wenn ich in Italien die Autobahngebühren bezahlen muss, freue ich mich, dass bei uns noch freie Fahrt für freie Bürger gilt."

Kampfhunde an die Leine? „Jedes Mal, wenn ich draußen beim Joggen einem frei laufenden großen Hund begegne, bekomme ich eine Gänsehaut. Von Weitem schreit zwar der Hundehalter: ‚Keine Angst! Der tut nichts!' Aber weiß das auch der Hund ...?"

Dicke mit höheren Kassenbeiträgen? „Noch bin ich dünn, da hört sich so ein Vorschlag ganz gut an. Aber das Essen schmeckt mir. Wer weiß, was daraus noch wird ...?"

Genmanipulierte Tomaten essen? „Bei den superroten und superfesten Tomaten aus Spanien oder Holland frage ich mich: Womit hat man euch wohl gedüngt? Wenn ich jetzt auch noch fragen soll: Stecken Gene von Mäusen oder von Fliegenpilzen in euch drin, wird mir das wirklich zu viel …"

Eine Alternative besteht darin, den Sinn der Frage zu explizieren: „Was bedeutet eigentlich Mautgebühr? Eine pauschale Vignette wie in der Schweiz oder eine genaue Erfassung der Strecke wie in Italien?"

Aus der Entfaltung der Frage lässt sich oft eine brauchbare Gliederung ableiten. Das spricht für den Ansatz. Der Nachteil dabei: Die Argumentation neigt dazu, von Anfang an differenziert und damit schwierig zu werden. Wenn nur sehr wenig Vorbereitungszeit verfügbar ist, daher weniger empfehlenswert.

Versuchen Sie, einen persönlichen Bezug zum Thema an den Anfang zu stellen.

Der Schluss eines Referats

Wir kommen zum Schluss. Das ist der zweite Moment eines großen Wechsels, der zweite Moment maximaler Aufmerksamkeit, der einen bleibenden letzten Eindruck hinterlässt. Da darf nichts wackeln, das muss klar und entschlossen gebracht werden. Keine feinen Formulierungen mehr, keine Erläuterungen. Eher plakative, einprägsame Formeln. Beim Schluss sollte kein neuer Gedanken eingeführt werden. Der Schluss fasst das Gesagte prägnant zusammen oder rundet es ab.

Absolut verboten sind

- die flauen Schlüsse: „… mehr ist hier nicht zu sagen“,
- die zerfransenden Schlüsse: „… und dann sollen die Tomaten so bleiben, weil sie schon immer so rot gewesen sind, das gehört einfach dazu, das erwartet man von einer Tomate, dass sie rot und ohne Genmanipulation gegessen wird, weil nur das schmeckt, was man wirklich kennt …“,
- die abrupten Schlüsse, die eine winzige Aussage transportieren – alles wartet auf eine Fortsetzung, aber es kommt nichts mehr nach: „… und eine solche Tomate verträgt auch mehr Hitze.“

Empfehlung: Greifen Sie am Ende einen Gedanken aus der Anfangssequenz auf, um den Vortrag rund und geschlossen zu machen:

- „Die schönen roten Tomaten werde ich auch in Zukunft ohne Mäusegene lieber kaufen.“
- „Beim Laufen begegne ich lieber Hunden mit Leine als Hundehaltern ohne Führerschein.“
- „Wenn wir die Maut eingeführt haben, wird mich jede Zahlstelle an den Italienurlaub erinnern.“

Besonders empfehlenswert ist es, den Schluss in die Form einer Handlungsanweisung zu bringen. Was gesagt wurde, führt in eine bestimmte Richtung.

Beispiele für einen gelungenen Schluss

- „Die Autobahnmaut kostet mehr, als sie einbringt, vermehrt die Bürokratie und verärgert Millionen Autofahrer – sie muss deshalb mit allen Mitteln verhindert werden!“

- Der Zuhörer hat das Gefühl, dass das Reden zum Handeln führt; dann hat das Zuhören sich gelohnt. Es ist erstaunlich, wie oft der Schluss in dieser Weise dynamisiert werden kann.
- „Wer einen Kampfhund hält, sollte einen Hundeführerschein nachweisen."
- „Gebt den Dicken eine Chance. Helft ihnen beim Abnehmen!"
- „Die Tomate ist uns rot und gut genug. Sie soll ihre eigenen Gene behalten dürfen."

Wer anderer Meinung ist, wird diskutieren wollen. So wird also auch die Diskussion angeregt, die sonst oft nicht in Gang kommt.

Versuchen Sie, den Schluss als Handlungsanweisung zu gestalten.

Das Stück dazwischen

Wenn Anfang und Schluss erst einmal tragfähig konzipiert sind, ergibt sich das Stück dazwischen beinahe von selbst. Der Kurs ist sozusagen und gewissermaßen abgesteckt. Jetzt brauchen wir nur noch die einzelnen Schritte, die einer nach dem anderen durch das Thema führen. Alle zusammen müssen sie eine klare Abfolge ergeben.

Falls genug Zeit zur Vorbereitung verfügbar ist, können diese Schritte auf Kärtchen, auf Folien oder als PowerPoint-Material fixiert werden. Wichtiger als das Material ist allemal der geordnete Ablauf.

Abstrakte Höhenflüge sollten ganz vermieden werden oder zumindest nicht zu weit abheben. Denken Sie daran, dass Sie wieder auf dem Boden der Tatsachen landen müssen. Stattdessen sollten anschauliche Beispiele und Formulierungen geboten werden, aus denen die Zuhörer anschauliche Vorstellungen gewinnen.

Beispiele für gelungene Formulierungen

- Nicht: „Die steuerliche Belastung beeinträchtigt den privaten Konsum." Sondern: „Der empfindlichste Körperteil der Deutschen ist ihr Geldbeutel."
- Nicht: „Die Verwirklichung sozialistischer Ideale ist nicht ohne Konflikte mit der kapitalistischen Realität möglich." Sondern: „Wer ein sozialistisches Omelett backen möchte, muss erst ein paar kapitalistische Eier zerschlagen."

Nach Möglichkeit sollten Begründungen eingeflochten werden, das erhöht die Glaubwürdigkeit.

Den Zuhörern sollten keine Lücken und Sprünge der Darstellung zugemutet werden. Sie haben nämlich keine Zeit, die Lücken durch eigene Denkarbeit zu schließen.

Andeutungen sind erlaubt, wenn sie aufgelöst werden, Ankündigungen sind erlaubt, wenn sie eingelöst werden. Andeutungen und Ankündigungen ohne Einlösung verärgern die Zuhörer und kosten einen Teil der Glaubwürdigkeit, die man sich mit den Begründungen mühsam erarbeitet hat.

Ein Statement ist kein Besinnungsaufsatz, in dem das Für und Wider sorgsam erwogen und gegeneinandergestellt werden. Wenn Sie Ihren Standpunkt stark machen möchten, sollten Sie ihn nicht untergraben.

Kommunikation funktioniert meist arbeitsteilig: Der Verteidiger führt alle Entlastungen für seinen Mandanten ins Feld, der Staatsanwalt trägt alles zusammen, was die Anklage verstärkt.

Fragen zum Gelingen

Die wichtigste Frage ist bei vorbereiteten Statements naturgemäß, ob die Vorbereitung etwas genützt hat. Ein Plan wurde vorab erstellt, wurde der Plan auch eingehalten? Wenn ein Plan vorliegt, sollte man ihn auch umsetzen. Die spontanen Eingebungen fallen bekanntlich meist schwächer aus als die wohlüberlegten.

Unmittelbar zu erleben, dass der kleine, schnell skizzierte Plan tatsächlich aufgegangen ist, gibt Zuversicht für größere Aufgaben. Das unterstützt den Abbau von Stress.

Eine zweite wichtige Frage lautet: Was geschah an den Stellen mit gesteigerter Schwierigkeit? Die Erkennungszeichen für die Schwierigkeiten des Sprechers sind Blickabwendung, Selbstberührungen, stockende Rede, absinkende Lautstärke. Der Betrachter kann seinen Eindruck schildern, zur Aufklärung trägt der Sprecher bei: Aus welchen Umständen resultierte die Schwierigkeit? War es ein fehlendes Argument, ein fehlender Anschluss? War die Wortfindung momentan gestört? Lag es an den unübersichtlichen Notizen? Fühlte sich der Sprecher durch Reaktionen der Zuhörer gestört?

Je nachdem, was diese Ursachenforschung ergibt, sehen die Mittel gegen die Schwierigkeiten anders aus. In vielen Fällen können sie aber durch einfachere Sätze oder übersichtlichere Notizen behoben werden.

Je einfacher die Sätze, desto einfacher das Sprechen.

Es ist beinahe schon unheimlich, wie wenig diese einfache Wahrheit befolgt wird. Schließlich richten wir unsere Aufmerksamkeit noch auf die kritischen Stellen:

- Wie gelang der Einstieg?
- Wie gelang der Schluss? Auch hier gilt: Wenn der Schluss steht, sollte er auch gebracht werden. Die spontanen Einfälle sind selten besser.

5
Stille Post

Die Arbeit an den Statements war nicht einfach. Die Arbeit an den Referaten wird hart. Da kommt eine Übung zur Entspannung gerade recht. Umso mehr, als sich aus ihr einiges über die Stabilität beziehungsweise Anfälligkeit von Informationen lernen lässt. Die Frage, wie die Zuhörer so versorgt werden können, dass sie sich die wichtigen und richtigen Informationen auch merken, zielt ins Zentrum erfolgreichen Sprechens. Ist es nicht schön, dass man bei so gewichtigen Fragen ein bisschen Spaß haben kann?

Die Spielregeln

Auf Kindergeburtstagen wird manchmal die „Stille Post" gespielt. Bei diesem Kommunikationsspiel flüstert ein erster Sender einem ersten Empfänger einen Startsatz ins Ohr, der Empfänger flüstert den Satz in das nächste Ohr, der dritte Empfänger gibt den Satz in das vierte Ohr weiter, bis zuletzt alle Mitspieler den Satz gehört und weitergegeben haben. Der letzte verkündet dann, was er gehört beziehungsweise verstanden hat. Das Endergebnis dieser kommunikativen Kette hat meistens mit dem Startsatz nicht mehr viel gemeinsam. Das ist das spielerisch Lustige an der Sache. Dahinter steht die ernsthafte Erkenntnis: Information ist eine leicht verderbliche, für Verfälschung und Schwund anfällige Ware.

In unserer Spielrunde greifen wir das Kinderspiel in systematischer Form wieder auf. Fünf Teilnehmer genügen, sechs bis sieben wären besser. Gelegenheit zur „Stillen Post“ bietet jede kleine Party.

Während des ganzen Spiels sind immer nur zwei Personen im Raum, alle anderen warten draußen außer Hörweite. Die Kamera läuft und der erste Erzähler liest den Originaltext der Geschichte seinem Zuhörer vor. Der Zuhörer versucht, das Gehörte möglichst vollständig zu erfassen und abzuspeichern. Dann verlässt der erste Erzähler den Raum und schickt den nächsten Zuhörer nach drinnen. Der Zuhörer von eben wird nun zum Erzähler und gibt die Geschichte möglichst vollständig und wortgetreu aus dem Gedächtnis weiter. Dann verlässt er den Raum und schickt den nächsten Zuhörer nach drinnen. Nach sechs oder sieben Erzählstationen, in denen jeder Teilnehmer immer nur weiß, was er zuerst gehört und dann selbst weitererzählt hat, endet das Spiel. Alle Mitwirkenden kommen wieder in den Raum zurück und schauen sich zusammen die Folge der Aufzeichnungen an, von der vorgelesenen Originalversion bis zur letzten erzählten Fassung. Die Enthüllung aller Wendungen und Wandlungen hebt die Stimmung – wie auf einem Kindergeburtstag. Aber der ernsthafte Erkenntniswert ist auch nicht zu verachten.

Das Mittagessen im Hof

Bei dieser Geschichte von Johann Peter Hebel geht es um die schlechte Behandlung eines Dieners durch seinen Herrn, die sich durch die Schlagfertigkeit des Dieners ins Positive wendet und zu einer Einsicht des Herrn führt.

Der erste Teil der Geschichte ist eine allgemeine Anleitung zum richtigen Umgang mit schwierigen Menschen. Mit manchen Menschen ist schwer auszukommen. Man sollte aber nicht annehmen, dass solche Menschen böse sind. Vielmehr besteht die Kunst darin, sie richtig zu behandeln, mit einer Mischung aus Nachgiebigkeit und Strenge, um sie zur Vernunft zu bringen. *Als Beispiel* wird ein gewitzter Diener angeführt, dem dies bei seinem Herrn gelungen sei.

Im zweiten Teil, in dem die eigentliche Handlung spielt, wird berichtet, dass der Diener schon oft das unschuldige Opfer der Launen seines Herrn geworden ist. Einmal kommt der Herr zum Mittagessen nach Hause, sehr schlecht gelaunt, und der Diener serviert ihm die Suppe. Der Herr probiert die Suppe, sie ist ihm aus unerfindlichen Gründen nicht recht, zu heiß oder zu kalt oder keines von beiden, aber aus seiner schlechten Laune heraus wirft der Herr den Suppentopf samt Inhalt durch das geöffnete Fenster in den Hof hinaus. *Der Suppe ist nichts vorzuwerfen. Der gereizte Gemütszustand des Herrn sucht ein Ziel und auf den Suppentopf fällt die Wahl. Der Text fährt fort:* Was tut hierauf der Diener? *Eine kurze, die Spannung steigernde Pause.* Kurz entschlossen wirft er alles, was er soeben servieren wollte, das Fleisch und das Brot, den Wein, das Besteck und den Teller und zuletzt auch das Tischtuch mit allem, was noch darauf war, der Suppe hinterher in den Hof. *Das bedeutet Krieg. Man kann sich vorstellen, dass dem Diener endlich auch einmal der Kragen geplatzt ist und er für einen einzigen Augenblick süßer Rache seine Stellung verspielt. Man kann sich vorstellen, dass der Rauswurf der ganzen Speisen und Utensilien einige Sekunden gedauert hat, in denen der Herr verblüfft und sprachlos die überraschende Vergeltungsaktion seines Dieners angestarrt hat. Aber dann löst sich die Starre,* er springt auf und schreit seinen Diener wutentbrannt an: Was soll das, du verdammter Idiot! *Das ist ohne Zweifel der emotionale Höhepunkt der Geschichte. Man glaubt zu wissen, wie es weitergehen muss. Der Diener sagt, er habe genug von den dauernden Schikanen. Darauf wird er vom Herrn auf der Stelle entlassen. Doch schon kommt die nächste überraschende Wendung, die den Konflikt wieder abbaut.* Der Diener erwidert ganz ruhig, er habe den Suppenwurf des Herrn so verstanden, dass dieser heute im Hof zu speisen wünsche. Da draußen sei ein herrliches Frühlingswetter mit Sonnenschein, blühendem Apfelbaum, Bienengesumm und lauer Luft. Folglich habe er Speisen und Geräte ebenfalls in den Hof befördert. Sehr leidtue es ihm, sollte hier ein Missverständnis vorliegen.

Der Diener begründet sein Verhalten rational und ausführlich, greift gegen Ende beinahe zu lyrischen Tönen. Natürlich weiß er, dass der Herr aus Unbeherrschtheit so gehandelt hat. Aber indem er die Aktion des Herrn anders interpretiert, wahrt er den Schein des gehorsamen Dieners, der den Launen seines Herrn zu entsprechen versucht, auch wenn das zu absurden Folgen führt. Natürlich weiß auch der Herr, dass sein Diener nur eine Fassade des Gehorsams aufbaut, hinter der sich die Belehrung verbirgt. Der Herr mag unbeherrscht sein, dumm ist er nicht und Humor hat er offensichtlich auch. Und so kommt die Geschichte zu ihrem guten Ende.

Der Herr erkennt seinen Fehler, bewundert die Schlagfertigkeit seines Dieners und schmunzelt innerlich darüber; beim Anblick des schönen Frühlingshimmels heitert er sich auf und dankt dem Diener innerlich für die Belehrung. In Zukunft wird er sich besser beherrschen.

Äußerlich passiert kaum noch etwas, worüber sich erzählen ließe, aber innerlich durchläuft der Herr eine ganze Skala von Gedanken und Empfindungen, die zusammen die Moral von der Geschichte ergeben, nämlich die heilsame Wirkung einer gut ausgewogenen pädagogischen Maßnahme.

Die Geschichte ist nicht lang, aber recht anspruchsvoll konstruiert. Da ist der mehrfache Wechsel von äußerlich beobachtbarem Verhalten und den dazugehörigen inneren Zuständen. Der rasche Wechsel der Emotionen. Die überraschenden Wendungen der Handlung. Das Spiel mit den Rollen des scheinbar sonnenhungrigen Herrn und des scheinbar gehorsamen Dieners. Die Diskrepanz zwischen dem, was der Diener sagt, und dem, was die eigentliche Bedeutung ist, wie er und sein Herr wissen, ohne es auszusprechen. Wird diese Geschichte im Rahmen der „Stillen Post“ nacherzählt, gehen manche Feinheiten verloren. Die Verluste treten aber nicht zufällig verteilt auf, sondern folgen gewissen Gesetzmäßigkeiten und es zeichnet sich ein bestimmtes Muster ab.

Stabile Botschaften

Der Titel überlebt in den meisten Fällen. Manchmal geht der Hof verloren, manchmal wird aus dem Mittag- ein Abendessen, was allerdings nur geschieht, wenn Sonnenschein und Bienengesumm aus dem Schlussteil des Originals schon verschwunden sind. Gelegentlich wird aus dem räumlichen Hof ein Hof im herrschaftlichen Sinn.

Der erste Teil mit den allgemeinen Überlegungen zur Behandlung schwieriger Menschen geht trotz aller Bemühungen der ersten und zweiten Erzähler regelmäßig verloren. Bleibt erst noch die Anmerkung stehen, dass es schwierige Menschen gibt oder dass man richtig mit schwierigen Menschen umgehen solle, fehlt doch meistens die logische Anbindung der Art: „Und jetzt kommt ein Beispiel für den Umgang mit einem schwierigen Menschen." Wenn diese Verbindung fehlt, löst sich der Zusammenhang auf und die Geschichte geht dann so: „Es gibt schwierige Menschen. Da kommt einmal ein Herr zum Mittagessen nach Hause und ist sauer..." Was soll das? Der schwierige Mensch hängt jetzt schon etwas verloren in der Luft und wird vom nächsten Erzähler als Ballast fallen gelassen. Damit ist der Einstieg vereinfacht, aber die Moral am Ende verliert ihren pädagogischen Bezugspunkt, die Gesamtkonstruktion wird instabil.

Als Nächstes gerät die Suppe in Gefahr. Sie wird aus dem Fenster geworfen, manchmal mit dem Teller, dann wieder mit dem Topf, dabei geht auch schon mal das Fenster in die Brüche, weil es eben nicht vorsorglich geöffnet war. Aber dass die Suppe rausfliegt, geht ja, gemessen am Original, völlig in Ordnung. Die Gefahr betrifft ihren Zustand. Meistens ist sie zu heiß, manchmal auch zu kalt, selten einmal versalzen. Jedenfalls ungenießbar und daher wird sie zu Recht entsorgt. Die Logik der Geschichte beginnt zu entgleisen. Der Herr lässt nicht seinen Verdruss an einer unschuldigen, einwandfreien Suppe aus, sondern reagiert etwas heftig auf eine verdorbene Suppe. Vielleicht hat sie der Koch verpfuscht, vielleicht auch der Diener.

In manchen Varianten bemerkt der Diener den Fehler noch rechtzeitig und wirft die Suppe, um den Herrn zu verschonen, gleich selber aus dem Fenster. Wenn aber der erste Wurf eine zwar deutliche, aber immerhin berechtigte kulinarische Kritik ausdrückt, dann sind die nachfolgenden Speisewürfe des Dieners nicht mehr zu verstehen und zu entschuldigen. Der Sinn der Geschichte ist nicht mehr fassbar und sinnlose Geschichten erzählen sich schlecht. Ab hier retten sich viele Erzähler in die Details, das Fleisch, das Brot, das Tischtuch fliegen davon, und weil man schon einmal dabei ist, gleich auch noch Salz und Pfeffer, Messer und Gabel, am Ende vielleicht noch der Stuhl hinterdrein. Ein entfesselter Diener wütet im Salon, und damit hat die Geschichte doch an Farbe und Dramatik wieder gewonnen, was ihr an Sinn verloren ging. Ein entfesselter Erzähler ließ einmal allen Ernstes Herr und Diener zusammen auch noch den Rest des Mobiliars durch das Fenster entsorgen.

Jetzt ist wieder der Herr an der Reihe. Er wundert sich und fragt nach, eher ruhig, verrückte Diener soll man bekanntlich nicht reizen. Der Diener antwortet, nun ganz ohne Hintersinn, dass jetzt im Hof gegessen werde. Manchmal mit der Begründung der fliegend servierten Suppe, manchmal mit der Begründung der Sonne und des blühenden Baumes, manchmal ganz ohne Begründung. Der Herr akzeptiert den Vorschlag. Die unkonventionelle Art, die Speisen zu servieren, stört nicht weiter. In manchen Versionen wird das Essen dann im Hof verspeist, was immerhin zum Titel passt, manchmal darf sogar der unternehmungslustige Diener mitessen. Wohin mit der Moral? Sie passt nicht mehr, der Herr hat nichts dazugelernt, und was nicht passt, wird ausgemustert. Einige Erzähler bemerken die Schieflage und fügen am Ende eine Entschuldigung an. Das sei eben eine komische Geschichte. Oder das sei die Geschichte, die ihnen erzählt worden sei, im Übrigen verstünden sie auch nicht, worauf das hinauslaufen solle.

Diese Schilderung fasst eine Vielzahl von Varianten in komprimierter Form zusammen. Es geht hier auch nicht um einen genauen Stammbaum aller Abweichungen, Verluste und Missverständnisse. Es geht um die hauptsächlichen Tendenzen.

Die abstrakten Stellen gehen als Erstes verloren. Denn sie sind unanschaulich, schwer zu merken und kompliziert in der Aussage. Die Feinheiten der Konstruktion, die Doppeldeutigkeit, die Wechsel der Erzählperspektive gehen verloren. Denn sie können beim schnellen Hören nicht voll erfasst werden. Die Teile, die aus dem Zusammenhang gefallen sind, gehen verloren. Denn sie erscheinen als überflüssig und Überflüssiges wird ausgeschieden.

Positiv gewendet: Die konkreten Details sind relativ stabil. Denn sie erwecken ein mentales Bild, das die Speicherung unterstützt. Sie sind umso stabiler, je häufiger sie erwähnt werden (Herr, Diener, Suppe, Hof). Denn was mehrmals auftritt, wird zuverlässiger abgespeichert. Die wesentlichen Handlungselemente sind stabil (heimkommen und sich zu Tisch setzen, Suppe servieren, probieren, hinauswerfen, Speisen und Besteck hinauswerfen, fragen und antworten). Denn sie stellen die Stationen dar, an denen entlang die Geschichte abläuft.

Die Handlung wird vereinfacht und auf das Beobachtbare reduziert. Denn dadurch entsteht ein handfester, überschaubarer Zusammenhang. An einigen Stellen werden Verluste durch Übertreibungen ausgeglichen.

So entstehen Gerüchte. Ein einfacher Vorfall wird erzählt. Aber ganz ohne Ausschmückungen lohnt sich das Erzählen nicht. Der Schmuck könnte in einer besonders pointierten, starken Sprache liegen. In gehobener sprachlicher Qualität. Weil das schwierig ist, gehen viele Erzähler den einfacheren Weg und ersetzen Qualität durch Quantität: Das Original wird größer, lauter, bunter, mit einem Wort unterhaltsamer gemacht. Dann lohnt sich das Hinhören. Unterhaltungswert ist der Humus, auf dem Gerüchte gedeihen.

Stabile Botschaften: Was bleibt?

- Redundante Information wird konserviert, denn das Gedächtnis baut auf Wiederholungen.
- Einfache Abläufe und Begründungen werden konserviert, denn sie belegen wenig Speicherplatz.
- Anschauliche konkrete Mitteilungen sind haltbar (Weißwurst macht satt), denn sie stellen uns Bilder vor das geistige Auge; das Abstrakte und Unanschauliche dagegen (der physiologische Energiebedarf kann durch eine portionierte Fett-Eiweiß-Mischung gedeckt werden) geht verloren.
- Der Zusammenhang bleibt stabil als Sequenz einfacher Begründungen, eines führt zum anderen und keines darf fehlen.

Anfällige Botschaften: Was nimmt Schaden?

Die Weitergabe unklarer Stellen in der Hoffnung, der Empfänger könne sich einen Reim darauf machen. Wenn er es überhaupt versucht, nimmt die Unklarheit meistens noch zu.

Die Konstruktion von Sinn und Handlung durch mehrere ineinandergreifende Begründungen – kurz: Komplexität, Wechselwirkung und Mehrdeutigkeit.

Wenn Komplexität unvermeidlich ist, legen Sie umso größere Sorgfalt auf eine klare und verständliche Darstellung.

Warum überleben Witze?

Witze werden auf ihrer Wanderschaft durch das Netz der Kommunikation meistens mündlich weitergegeben. Wenn sie einen „Bart" haben, sind sie dem Hörer bei der Wiederbegegnung auch nach vielen Jahren noch vertraut. Ein Witz mit Bart hat eine Vielzahl von Weitergaben überlebt. Das grenzt an ein Wunder, angesichts der Befunde, die wir aus der „Stillen Post" gewonnen haben. Die Überlebenskraft eines Witzes im rauschenden Meer der Kommunikation muss also ganz starke Gründe haben. Wir kennen sie bereits. Was in der Geschichte vom Mittagessen stabil geblieben ist, ist nämlich das Baumaterial der Witze:

- Witze sind konkret, es geht um einfache Sachverhalte und Handlungsabläufe.
- Witze enthalten Redundanzen an den entscheidenden Stellen. Sehr häufig wird das Handlungselement, das zur Pointe führt, dreimal wiederholt.
- Die Verzögerung baut Spannung auf, die Speicherung wird durch die Wiederholung abgesichert (Motto: Ich sag's dreimal, dann ist es wahr).
- Witze sind anschaulich, aber ohne überflüssige, ablenkende Einzelheiten.
- Witze besitzen den stärksten vorstellbaren Schluss: die Pointe, in der alles vorher Gesagte zum überraschenden Höhepunkt gebracht wird. Wie Torpedos auf feindliche Schiffe steuern Witze direkt auf die Pointe zu. Sie dulden keine Abwei-

> chungen. Die falsche Richtung, an der Pointe vorbei, ist tödlich. Ein toter Witz pflanzt sich nicht mehr fort. Niemand erzählt einen Witz mit toter Pointe in der Hoffnung, sie möge sich im Ohr des Zuhörers wieder erholen.

Nur diejenigen Witze überleben, die so komplett gespeichert wurden, dass die Pointe noch zündet. Das ist die Schutzvorrichtung, die verstümmelte Weitergabe verhindert. Nur die intakten Witze überleben und pflanzen sich fort. Am Beispiel der Witze kann man einiges darüber lernen, wie überlebensfähige Botschaften gebaut sein sollten. Einfach, konkret, anschaulich, auf die Pointe hin aufgebaut. Ohne überflüssige Bestandteile, aber mit Wiederholungen an den wichtigen Stellen. Jetzt hab ich alles Wichtige dreimal gesagt.

Zeit für ein kleines Demonstrationsobjekt:

„Drei Tote liegen in der Pathologie. Ein Deutscher, ein Schweizer und ein Österreicher. Die Todesursache ist unklar. Der Oberpathologe will der Sache auf den Grund gehen und öffnet den Schädel des Deutschen. Zum Vorschein kommt ein großes Gehirn. Befund unauffällig. Als Nächstes öffnet er den Schädel des Schweizers. Wieder ein großes Gehirn, ohne Befund. Zuletzt öffnet er den Schädel des Österreichers. Der Schädel ist leer. Nur ein Draht ist quer von einer Seite zur anderen gespannt. Nach langem Zögern greift der Oberpathologe zur Zange und knipst den Draht durch. Schnipp! Da fallen die Ohren ab."

Die „Stille Post" ist ein lehrreiches Spiel. Es geht nicht um die Produktion eigener Gedanken, es geht um das genaue Erfassen und Weitergeben von Informationen, die schon fertig übernommen wurden. Das sollte nicht unterschätzt werden, denn das ist der Normalfall. Erfindung ist die Ausnahme, Weitergabe von Erfundenem die Regel. Und es ist keineswegs einfach oder trivial. Die Fülle der Fehler in der Übertragungskette hat es gezeigt. Zu wissen, wo die größten Gefahrenstellen für die übergebene Botschaft liegen, hilft uns, robuste, überlebensfähige Botschaften zu gestalten. Dieses Wissen wird uns beim Bau umfangreicher Botschaften wie Referaten nützlich werden.

6 Wie baut man ein Referat?

Bei den Vorstellungen musste aus der eigenen Lebensgeschichte, bei den Statements konnte aus dem diffusen, allgemein zugänglichen Gemenge der Nachrichten geschöpft werden. Und bei der „Stillen Post“ war der fertige Text schon vorgegeben. Beim Bau von Referaten versagen diese Methoden der Informationsbeschaffung. Die persönliche Erfahrung mit frischen Winden, mit teurerem Benzin und mit hartnäckigem Durchfall reicht nicht aus, um kompetent über einen unpersönlichen Gegenstand wie Windkraftanlagen, die Theorie der flexiblen Nachfrage oder resistente Darmbakterien zu sprechen. Auch das Material aus den Nachrichten ist zu dünn und zu wenig systematisch. Bleibt vielleicht der Rückgriff auf fertige Texte. Doch Vorsicht ist geboten.

Arbeit an der Quelle

Viele Texte gibt es nicht, die als Referat eins zu eins übernommen werden könnten. Der spezielle Anlass verlangt in der Regel nach speziellen Produkten. Maßgeschneidert, nicht von der Stange der Internet-Referat-Sammlungen.

Der Hauptgrund aber ist: Texte sind zum Lesen da. Sie wurden geschrieben, und zwar für Leser. Deshalb sind sie geeignet für Leser, für Zuhörer weniger.

Warum ist das so? Weil Geschriebenes anspruchsvoller, dichter, komplizierter, wiederholungsärmer formuliert ist als Gesprochenes. Generationen von Deutschlehrern arbeiten daran, den Schülern Wiederholungen auszutreiben, auf anspruchsvolle und dichte Formulierungen zu achten. Durchaus mit einigem Erfolg.

Wenn es dick kommt, kann ein geschriebener Satz zum Beispiel so lauten:

„Da der Mensch nichts dazu tun kann, den Grund seines Daseins zu der Qualität des zureichenden Grundes zu sanieren, hat er die beinahe unglaubliche Kompetenz durch die Natur zugeteilt erhalten, für die Beruhigung seiner Nachkommen über ihre Herkunft durch das Ganze seiner moralischen Glaubwürdigkeit einstehen zu können."

Diesen Satz hat Herr Blumenberg geschrieben, in philosophisch-unterhaltender Absicht. Wir werden noch darauf zurückkommen. Wenn es Ihnen schon beim Lesen ein wenig schwindlig geworden ist, dann können Sie sich vorstellen, was passiert, wenn Sie diesen Satz Ihren Zuhörern vorlesen: Allgemeines Kopfwackeln, Augenrollen, Schulterzucken breitet sich aus.

Die Konstruktion des Satzes ist auch von einem aufmerksamen Zuhörer nicht auf Anhieb zu entschlüsseln. Zu groß ist dieser Happen, zu sperrig. Er müsste erst in aller Ruhe durchgekaut werden. Dem Leser kann solch ein Satz zugemutet werden. Seine Position, auch schwierige Informationen zu erarbeiten, ist insgesamt günstig. Der Leser bestimmt selber, in welchem Tempo er die verbale Information aufnimmt. Der Leser kann innehalten, er kann zurückspringen, kann das Ganze noch mal lesen. Er kann sogar einzelne Wortbedeutungen (was ist der „zureichende Grund" eigentlich genau?) recherchieren. Dem geschriebenen Satz ist das egal. Er bleibt einfach so stehen, hält jeder Wiederholung stand.

Beim gesprochenen Satz ist das anders. Er kommt mit einem gewissen Tempo daher, dauert fünf („Zu Risiken und Nebenwirkungen lesen Sie die Packungsbeilage …") bis 25 Sekunden („Da der Mensch nichts dazu tun kann, den Grund seines Daseins …" – 25 Sekunden, ich habe es ausprobiert) und ist vorbei. Wer den Satz unterwegs nicht verstanden hat, der versteht ihn im Anschluss daran auch nicht mehr. Denn der Sprecher ist gnadenlos, vor allem, wenn er vorliest. Schon befindet er sich im nächsten Satz von Blumenbergs kleinem Referat, und der geht so:

„Alle, die Umstände herbeiführen zu sollen meinen, die die Zusammenhänge der Urheberschaften von Menschen zu Menschen verunsichern und verwirren, sollten sich vergegenwärtigen, was Ungewissheit hinsichtlich des Seinsgrundes in den Gemütern anrichten …"

Der Leser, wenn er Freude am Knobeln hat, kann sich diese Sätze erschließen. Dazu gönnt er sich die Zeit, die der Zuhörer nicht hat.

Ihre Zuhörer müssen im selben Tempo verstehen können, in dem Sie sprechen.

Ist das Tempo zu hoch, öffnen sich Verständnislücken. Dann bleiben nur Reste des Gehörten hängen, die irgendwie ergänzt werden. Wir wissen aus der Lektion „Stille Post", dass daraus meist Unsinn resultiert. Oder der pure Frust der Verständnislosigkeit breitet sich aus. Oder das Grübeln über dem eben verklungenen und nur halbwegs verdauten Satz stört das Aufnehmen des gerade ertönenden und nun überhaupt nicht mehr aufgenommenen Satzes. Die Lücken breiten sich aus.

Wenn Sie Ihre Zuhörer abhängen möchten, schreiben Sie einen dichten, gut formulierten Text und lesen ihn zügig vor. Aber auch gemächliches Vorlesen führt zu diesem Ziel. Es dauert nur etwas länger.

Bearbeiten Sie schriftliche Quellen zuhörergerecht.

Im einfachsten Fall hat man es nur mit einer einzigen Quelle zu tun. Schauen wir uns als Beispiel einen kurzen Forschungsbericht an, der in der Zeitschrift „Psychologie heute“ im Mai 2002 veröffentlicht wurde. Als Text für Leser.

Man schmeckt, was man erwartet

Unbestätigten Gerüchten zufolge gehört zum gesellschaftlichen Aufstieg, dass man sich als Weinkenner ausgibt: Man schnüffelt am Korken, hält den Wein gegen das Licht und rollt einen Probeschluck im Mund. Da mögen die wahren Experten lächeln – doch sie sind keinen Deut besser, wie Frédéric Brochet, ein Forscher aus Bordeaux, nachwies. In zwei Studien belegte er, dass die Urteile der Fachleute nicht nur nicht besser sind als jene von gelegentlichen Weintrinkern, sondern unter Umständen sogar schlechter, da der kulturelle Ballast, den sie mitschleppen, ihre Wahrnehmung beeinflusst. Ihre Urteile beruhen in hohem Maße auf dem Markennamen und der Farbe des Weins, weshalb die schillernden Bouquet- und Geschmacksbezeichnungen bei Weintests nicht unbedingt der unmittelbaren Wahrnehmung entspringen.

In der ersten Studie lud Brochet 54 ausgewiesene Weinkenner aus Bordeaux ein, verschiedene Rotweine zu testen. Darunter befand sich auch ein Weißwein, den der Forscher mit einer geschmacklosen Substanz rot gefärbt hatte. Kein einziger der Experten bemerkte die Fälschung. Dazu Brochet: „Es ist ein wohlbekanntes psychologisches Phänomen, dass man schmeckt, was man erwartet zu schmecken."

Im zweiten Test wurde 57 Experten ein durchschnittlicher Bordeaux serviert. Im ersten Durchgang waren die Flaschen mit einem prestigeträchtigen Etikett gekennzeichnet, im zweiten Durchgang dagegen als billige Tafelweine erkennbar. Es kam wie erwartet: Der vermeintliche Spitzenwein wurde hoch gelobt und als „komplex, ausgewogen, abgerundet" gelobt. Der billige Wein erhielt Beschreibungen wie „schwach, flach, zu leicht". Die Mehrheit der Tester lobte den Wein, den sie für teuer hielt, den „billigen" schätzten nur zwölf der vermeintlichen Kenner.

Brochet studierte auch die Hirnaktivitäten während der Verkostungen. Dabei zeigte sich, dass die Regionen, die für Wissen und Farberkennung zuständig sind, mit den Arealen für Geruch und Geschmack zusammenarbeiten. Unsere Wahrnehmung ist demnach ein Gemenge aus Gedanken, Bildern und Geschmack. Visuelle Informationen werden aber vom Gehirn rascher verarbeitet als Eindrücke der Nase oder des Mundes. Das Molekül, das im Rotwein als nach Himbeeren oder Johannisbeeren schmeckend beschrieben wird, ist völlig identisch mit jenem, das im Weißwein als Aprikosen- oder Pfirsichgeschmack identifiziert wird. Offensichtlich verändern sich die Beschreibungen der Weinfachleute mit der Farbe des Weins.

Bei der Umarbeitung der Vorlage in einen Vortrag für Zuhörer muss zunächst geklärt werden, worum es hier eigentlich geht. Das steht nicht in der Überschrift. „Man schmeckt, was man erwartet", ist eine zu grobe Vereinfachung. Wenn ich Rotwein erwarte und Essig oder Spülwasser bekomme, dann schmecke ich Essig oder Spülwasser.

Schritt 1: Leitfrage formulieren

Worum geht es also in dem Text? Was ist die **Leitfrage**, die den Inhalt erschließt? Was ich für mich dabei heraushole, gebe ich als Orientierung an meine Zuhörer weiter. Damit sind sie von Anfang an darüber informiert, worauf die ganze Untersuchung abzielt, und können alles, was noch kommt, besser einordnen.

Diese Orientierung kann von weit her kommen und danebenliegen (Thema verfehlt): Es geht um Menschen in Frankreich.

Die Zuhörer konzentrieren sich dann zu sehr auf das Französisch-Menschliche.

Die Orientierung kann ganz ungefähr und vage ausfallen: Es geht in dem Artikel ums Weintrinken, es geht um Weinkenner, es geht um Rotwein, es geht um Sehen und Schmecken.

Irgendwie ist das alles richtig, aber es ist doch sehr unscharf. Eine genauere Orientierung bietet sich schon mit der Leitfrage: Unter welchen Bedingungen versagen Weinkenner? Aber auch mit diesem Start müssen noch einige zusätzliche Schritte zum Thema hinführen.

Die wirklich präzise und damit brauchbare **Leitfrage** wäre hier: Wie beeinflusst die visuelle Wahrnehmung das Geschmackserlebnis?

Diese Version nehmen wir. Hier gilt: Je genauer, desto besser. Wenn ich meine Ausführungen gleich auf die richtige Spur und in die genaue Richtung bringe, können die weiteren Ausführungen nicht mehr so leicht aus dem eingeschlagenen Kurs laufen.

Dazu gehört dann eine Hinführung der Art: Es gibt Kenner, die Geschmäcker sehr viel genauer unterscheiden und bewerten können als der Durchschnittsverbraucher. Besonders auf dem Gebiet des Weintrinkens ist diese Kennerschaft sehr geschätzt. Ein richtiger Weinkenner kann aus dem Geschmack eines Probeschlucks die Sorte, den Jahrgang, die Güte, die Herkunftsregion und noch viel mehr bestimmen. Da ein Weinkenner aber nicht nur schnüffelt und schluckt, sondern auch sieht, was er trinkt, stellt sich die Frage, ob bei diesen Meistern des Geschmacks das Geschmacksurteil vom Gesehenen beeinflusst wird. Oder ob von den Kennern die Beurteilung eines Geschmacks absolut und unbeirrbar abgegeben wird.

Damit kann ich starten. Und komme zum

Schritt 2: Vorgehensweise darstellen

Was wurde unternommen, um die Leitfrage einer Antwort näher zu bringen? Es geht um die **Vorgehensweise**, die Prozeduren, die konkreten Abläufe.

Erster Versuch: Man nehme möglichst viele Weinkenner und setze ihnen verschiedene Rotweine zur Verkostung vor. Unter den Rotweinen befindet sich ein Weißwein, der mit einem geschmacksneutralen Farbstoff rot gefärbt wurde. Werden die Kenner erkennen, dass ein falscher Rotwein dabei ist?

Zweiter Versuch: Man nehme möglichst viele Weinkenner und setze ihnen verschiedene Rotweine zur Verkostung vor. Darunter befindet sich ein mittelmäßiger Rotwein, der in einem Versuchsdurchgang mit einem teuren Etikett aufgewertet und in einem zweiten Durchgang mit einem billigen Etikett abgewertet wurde. Werden die Kenner in ihrem Urteil vom vermeintlich hohen beziehungsweise niedrigen Preis des Weins beeinflusst werden?

Schritt 3: Ergebnisse hervorheben

Nach den Beschreibungen will der Hörer natürlich wissen, was denn nun passiert ist. Damit kommen wir zum dritten Punkt, den **Ergebnissen**:

Die Kenner haben nicht bemerkt, dass ein rot gefärbter Weißwein unter den Rotweinen angeboten wurde.

Die Kenner haben in großer Mehrheit einen mittelmäßigen Wein mit teurem Etikett sehr positiv beurteilt und denselben Wein mit billigem Etikett eher negativ.

Jetzt ist klar, wie die qualifizierten Trinker auf die Versuchsbedingungen reagiert haben.

Damit ist die Leitfrage geklärt: Die visuelle Wahrnehmung verschiebt das Geschmacksurteil in die Richtung des Gesehenen. Und zwar auch bei Kennern, also Leuten mit besonders trainiertem und daher stabilem Geschmacksurteil.

Schritt 4: Glänzend abschließen

Wir kommen zum Schluss: Zu folgern, die Kenner haben keine Ahnung, wäre vorschnell. Sie stehen ja im Training und es gibt ja Kriterien für den Geschmack von Wein. Also interessiert uns nun, wie die

Ergebnisse zustande kommen konnten. Wie geschieht es, dass die visuelle Information verändernd auf das Geschmackserlebnis einwirkt?

Das wird im vierten Teil des Textes aufgeklärt, der sich auf die Informationsverarbeitung im Gehirn bezieht. Die Quelle sagt hier leider nicht sehr viel. Aber das Wenige lässt sich etwa so verstehen: Im Gehirn werden ständig verschiedenartige Reize empfangen, miteinander verglichen und zu einem Gesamteindruck verbunden. Dazu gehören Sinneseindrücke wie Sehen, Riechen und Schmecken, dazu gehören aber auch Erfahrungen und Erwartungen, die durch diese Sinneseindrücke angeregt werden. Wenn die Informationen nicht gleichzeitig eintreffen, dann geben die früh verfügbaren Informationen den später kommenden schon eine Richtung vor.

Wenn man es also trickreich einrichtet, mit starken visuellen Vorgaben, dann kann man auch das Geschmacksurteil erfahrener Weinkenner in die Richtung des Gesehenen verschieben.

Ein starker, prägnanter Abschluss wird auch noch gebraucht. Wie wäre es mit diesem hier: „Das Auge isst mit, sagen seit jeher die Köche. Dass das Auge auch mittrinkt, wissen wir jetzt."

Diese Quelle wäre somit in eine Form gebracht, die sich für die Zuhörer eignet. Der Einstieg mit der Leitfrage ist gelungen und steht fest. Der Abschluss, der den Bezug zur Leitfrage herstellt, ist ebenfalls perfekt und standfest. Zwischen diesen beiden Eckpunkten kann eigentlich nicht mehr viel verkehrt laufen.

Das Schöne dabei ist, dass wir zugleich eine allgemeine Gliederung in vier klaren Schritten entwickelt haben, die sich auf die meisten Referate anwenden lässt.

In vier Schritten vom Start zum Ziel

- Schritt 1: Worum geht es hier eigentlich?
  Die Entwicklung der Fragestellung.
- Schritt 2: Was müssen Sie tun, um die Antwort herauszufinden?
  Davon handelt die Versuchsbeschreibung.
- Schritt 3: Wie lautet die Antwort?
  Hier werden die Ergebnisse präsentiert.
- Schritt 4: Wie ist die Antwort zu verstehen? Was ist da genau passiert?
  Diskussion und Interpretation der Befunde.

Zu dieser Gliederung in vier Schritten gibt es viele Variationen. Jeder Schritt kann sehr verkürzt und reduziert sein. Gelegentlich kann ein Schritt wie die Versuchsdurchführung ganz entfallen, wenn nicht aktiv experimentiert oder manipuliert wurde. Auch können in einem Referat Schritte sich wiederholen. Im Text von den getäuschten Weinkennern zum Beispiel werden zwei Versuche angestellt mit unterschiedlichen Ergebnissen, aber die Fragestellung bleibt die gleiche und auch die Erklärung der Befunde umfasst beide Versuche.

Es kommt vor, dass mehrere Durchläufe hintereinander stattfinden, jeder mit einer eigenen, von Zyklus zu Zyklus erweiterten oder ergänzten Fragestellung, den dazugehörigen Erkundungen und der darauf abgestellten Diskussion.

Aber im Kern haben wir es immer mit der Struktur eines Rätsels zu tun: Am Anfang steht eine Frage, dazwischen folgt eine Reihe von Lösungsschritten und am Ende wartet die Aufklärung.

Wenn man Quellen nach dem Schema der vier

Schritte aufbereitet, bemerkt man bald, dass die Schwierigkeit sich ändert.

Gliederung aufbereiten

Schritt 1: Leitfrage formulieren

Es geht gleich schwierig los. Nicht allein, dass dargestellt werden muss, was schon bekannt ist. Die aktuelle Frage führt darüber hinaus. Argumentative Schwerarbeit ist zu leisten, wenn die bekannten Zusammenhänge nicht nur aufgezeigt werden, sondern auch begründet werden muss, weshalb sie fehlerhaft, unzureichend oder erweiterungsbedürftig sind. Je genauer und detaillierter in diesem schwierigen Abschnitt gearbeitet wird, desto leichter wird der Rest: Der Anfang legt die Spur und die Richtung fest, bis hin zur Vorstellung vom Ziel. Was muss herausgefunden werden, damit die Problemstellung als gelöst betrachtet werden kann? Hier sollte wirklich gründlich gedacht werden. Auch einen guten Start kann man zwar noch verpfuschen, aber nicht so leicht. Einen verpfuschten Start ausbügeln und in einen Erfolg verwandeln ist deutlich schwerer. Vom Hörer aus betrachtet: Ein guter Start liefert eine positive Erwartung und ein orientierendes Verständnis, das spätere Pannen oder Schwachstellen übersteht. Ein verpfuschter Start verwirrt und verärgert den Hörer sofort. Er hat den Eindruck, das Zuhören lohne sich nicht. Ihn vom Gegenteil zu überzeugen, ihn aus der Verwirrung wieder zum klaren Verständnis zu bringen und seine Aufmerksamkeit zurückzugewinnen, das ist mühsam.

Schritt 2: Vorgehensweise darstellen

Erholsam und einfach geht es in den Handlungsteil. Hier braucht es keine Argumente und Begründungen. Eigentlich wird nur nacherzählt, was geschehen ist. Messungen werden vorgenommen, Apparate eingesetzt, Handlungen nacheinander ausgeführt. Pädagogische Versuchsanordnung: Ein Diener bringt die Suppe, sein Herr wirft sie aus dem Fenster, der Diener wirft Fleisch und Brot samt Tischtuch der Suppe hinterher. Da staunt der Herr … – Eines folgt auf das andere, wie in Protokollen oder wie in den Geschichten, die wir einander erzählen. Die Nähe zum Erzählen von Geschichten macht diesen Teil der Darstellung einfach.

Schritt 3: Ergebnisse hervorheben

Ebenfalls eine leichte Übung. Es geht um die Darstellung von Fakten. Ein Ergebnis ist ein Ergebnis ist ein Ergebnis. Im Ergebnisteil werden die Tabellen und Diagramme gezeigt, die Gewinne und Verluste genannt, die Befunde dargestellt. Der Ergebnisteil neigt zur Trockenheit, besonders wenn sehr viele einzelne Fakten aufgeführt werden müssen. Da ist eine Auflockerung durch Visualisierungen angenehm, bei komplexen Sachverhalten sogar unumgänglich. Die Ergebnisse zu präsentieren kann lange dauern und mühsam sein. Schwierig ist es nicht.

Schritt 4: Glänzend abschließen

In der Diskussion der Befunde nimmt die Schwierigkeit rapide zu. Jetzt muss argumentiert und erklärt werden. Argumente entwickeln, mit anderen Argumenten verknüpfen, Schlussfolgerungen daraus ziehen, das ist geistig wesentlich anspruchsvoller, als

Handlungen oder Fakten der Reihe nach zu benennen wie in Schritt 2 und 3.

Durch welche Faktoren kam das Ergebnis zustande? Wie wirken diese Faktoren zusammen? Welche Befunde entsprechen der anfänglichen Erwartung? Welche entsprechen ihr nicht? Welche Bedeutung für weitere Anwendungen haben die vorliegenden Ergebnisse? Welche neuen Fragestellungen sind entstanden?

Fragen ohne Ende. Manche davon können nicht, aber eine muss beantwortet werden: Was habe ich in Bezug auf das Ausgangsproblem dazugelernt? Jetzt zahlt es sich aus, wenn am Anfang gründlich überlegt worden ist. Dann kann ich darauf zurückgreifen und die Sache „rund" machen. Schlampereien, die am Start begangen wurden, rächen sich jetzt. Wenn die Ausgangsproblematik im Ungefähren schwankte, dann findet auch die Diskussion keinen festen Halt mehr. Wenn ich nicht genau weiß, wonach ich gefragt habe, dann werde ich auch nicht genau wissen, ob die Antwort brauchbar ist.

Nach der Schwierigkeit der vier Schritte richten sich die Zeit und die Mühe, die ich in die Vorbereitung investiere. Der Anfang, das Ende und wie sie zusammenhängen, darauf werde ich die Vorbereitung ausrichten. Wie der Weg aussieht, der vom Anfang zum Ende führt, welche Reisemittel benutzt werden, um den Weg zurückzulegen, das ist schnell gesammelt und leicht wiederzugeben. Dementsprechend werde ich nicht viel von meiner kostbaren Zeit darauf verwenden.

Erprobung der vier Schritte

Die Brauchbarkeit der vorgeschlagenen Gliederung soll an einem zweiten Beispiel demonstriert werden. Zunächst wieder die Quelle („Psychologie heute", 1/2000):

Schlechte Stimmung einfach wegträumen

Es war ein schwieriger Tag. Probleme ohne Ende. Niedergeschlagen und schlecht gelaunt gehen Sie zu Bett. Doch am nächsten Morgen, wenn der Wecker klingelt, ist die Welt wieder in Ordnung. Wie kommt das? Wo ist die schlechte Laune geblieben? In den Träumen der Nacht, erklärt die amerikanische Schlafforscherin Rosalind Cartwright. Ihre Forschungsarbeiten belegen: Eine ordentliche Mütze Schlaf kann unsere Stimmung im wahrsten Sinn des Wortes über Nacht verbessern. In einer ihrer Studien testete Cartwright die Stimmung ihrer Versuchspersonen, zeichnete deren Traumaktivität im Schlaflabor auf und ließ sie am nächsten Morgen denselben Stimmungsfragebogen noch mal ausfüllen. Während der Nacht waren die Testschläfer regelmäßig geweckt und nach der Art ihrer Träume gefragt worden. Am wenigsten veränderte sich die Laune bei neutral gestimmten Versuchspersonen. Sehr viel positiver dagegen begrüßten jene den neuen Tag, die schlecht gelaunt eingeschlafen waren. Rosalind Cartwright überraschte dies nicht. Denn schon während der Nacht zeichneten sich in den Traumberichten deutliche Unterschiede ab. Während sich die Trauminhalte der neutral gestimmten Gruppe über die Nacht hinweg nicht veränderten, zeigten die Träume der schlecht Gelaunten deutliche Veränderungen: Zu Beginn der Schlafphase berichteten die aus dem Schlaf gerissenen Probanden von negativen, unangenehmen Traumbildern. Doch mit fortschreitender Nacht verschwanden die Dämonen – die Träume wurden neutraler.

„Die Studie belegt, dass unsere Stimmung während der Nacht reguliert wird“, sagt Cartwright. „Wenn Sie niedergeschlagen zu Bett gehen, beginnt das Gehirn sofort, nachdem Sie eingeschlafen sind, diese Stimmung mit negativen Trauminhalten zu bearbeiten. Zu Ende der Nacht ist diese Arbeit dann erledigt – die Trauminhalte werden positiver.“ Weil wir uns nach dem Aufwachen nur an den letzten Traum erinnern können, nehmen wir dessen angenehme Atmosphäre mit in den Wachzustand.

Wie die Schlafforscherin in weiteren Studien feststellte, gibt die Traumproduktion auch Aufschluss darüber, wie schnell Menschen eine depressive Phase überwinden werden. In einer Studie bat sie Menschen ins Schlaflabor, die nach einer Scheidung unter Depressionen litten. Bei einer Gruppe konnte sie das übliche Muster – negative Träume zu Beginn der Nacht, unbeschwerte gegen Ende – feststellen. Bei anderen dagegen produzierte das Gehirn die ganze Nacht hindurch aufwühlende, unangenehme Trauminhalte. Ein Jahr später unterzog Cartwright beide Gruppen einem Depressionstest und stellte fest: Personen, deren Träume sich während der Nacht vom Negativen zum Positiven verändert hatten, waren deutlich weniger depressiv als jene, deren Traummuster gleich unangenehm geblieben war. Ganz offensichtlich ist es der ersten Gruppe gelungen, aus eigener Kraft – mithilfe der Träume – die depressiven Gefühle zu bearbeiten, meint Cartwright und verweist auf den prognostischen Wert ihrer Traumforschung: Erinnert sich ein depressiver Klient nur an negative Träume, dann zeigt das dem behandelnden Psychotherapeuten, dass dieser Patient wenig eigene Ressourcen hat, um seine Depression zu überwinden.

Schritt 1: Leitfrage formulieren

Bitte nicht so vorgehen wie im Original, wo das Hauptergebnis bereits am Ende des ersten Absatzes verraten wird. Damit ist die Spannung zum größten Teil verbraucht. Für eilige Leser mag es ein brauchbares Rezept sein, gleich zu sagen, was am Ende herausgekommen ist. Der Leser entscheidet dann, ob er sich durchs Weiterlesen genauer informiert oder ob ihm die zentrale Information schon genügt und das Lesen damit beendet ist. Der Zuhörer dagegen bleibt ja meistens sitzen, bis der Vortrag vorbei ist. Ihm dann gleich am Anfang die Spannung zu rauben und ihn für den Rest der Zeit der Langeweile auszuliefern, das ist grausam und ungeschickt. Wir verraten also nichts, sondern bauen die Spannung auf.

Was war gleich wieder die Leitfrage? Es geht um gesunden Schlaf. Stimmt nicht ganz. Es handelt sich um Träume. Das ist zu ungenau. Eine genaue Formulierung wäre etwa: Wie wirken Träume auf den Gefühlshaushalt? Mit diesem Anker können wir jetzt die Einleitung abwickeln: *„Seit Adam und Eva* (um die beiden noch einmal zu nennen) *sind die Menschen fasziniert von ihren Träumen. Viele Vermutungen wurden angestellt, wozu die Träume gut sein könnten: zur Speicherung von neuen Erfahrungen im Langzeitgedächtnis. Zur Bearbeitung von Problemen, die untertags aufgetreten sind. Zur Selbststimulation des schlafenden Gehirns.“*

Diese und noch einige andere Hypothesen werden in der Traumforschung tatsächlich untersucht. Unsere Quelle sagt davon nichts. Aber es ist schließlich nicht verboten, auch mal ein wenig mehr zu wissen.

„Eine dieser Vermutungen bezieht sich auf den Gefühlshaushalt. Könnte es nicht sein, dass die Träume einen Einfluss darauf nehmen, welche Stimmungen wir erleben und wie diese Stimmungen sich durch die Träume verändern? Die Schlafforscherin Rosalind Cartwright beschäftigt sich mit dieser Frage und versucht, sie in ihrem Schlaflabor experimentell aufzuklären."

Das war die Einleitung, nun folgt im zweiten Schritt die einfache Übung der Versuchsbeschreibung.

Schritt 2: Vorgehensweise darstellen

Die Stimmung der Versuchspersonen wird mit einem Fragebogen erfasst. Dann legen sie sich schlafen. Nach einiger Zeit werden sie geweckt und danach gefragt, was sie soeben geträumt haben. Dann schlafen sie weiter, werden wieder geweckt und wieder nach ihren Träumen befragt. Das wiederholt sich mehrmals die ganze Nacht hindurch.

(In einer spannenden Geschichte käme dann vielleicht vor, dass einer der Schläfer allmählich immer wütender wird durch das dauernde Gewecktwerden, sich nach dem vierten Wecken wutschnaubend die Elektroden vom Kopf reißt, die Schlafforscherin mit starken Worten verflucht und im Pyjama in die Nacht hinaus entflieht. Aber in der heilen Welt der Schlafexperimente werden solche Ausraster als Versuchsfehler ausgeklammert und dringen nicht bis in den Ergebnisteil vor.)

Schritt 3: Ergebnisse hervorheben

Was sind also die amtlichen Ergebnisse dieser nächtlichen Traumverhöre?

Die Versuchspersonen wurden nach den Befunden des Stimmungstests in zwei Gruppen eingeteilt.

Die eine Gruppe ist vor dem Schlafen neutral gestimmt, die zweite Gruppe besteht aus schlecht gelaunten Testschläfern. Bei der neutralen Gruppe ist keine systematische Veränderung der Trauminhalte über die Nacht hinweg erkennbar. Bei den schlecht Gelaunten sind die ersten Träume noch voll mit negativen Gefühlen wie Ärger und Angst. Gegen Morgen werden die Träume aber immer positiver und im letzten Traum, an den man sich normalerweise am besten erinnert, kommen die Sorgen und Verstimmungen des vorigen Abends überhaupt nicht mehr vor. Die Schläfer erwachen neutral bis gut gelaunt und nehmen diese Stimmungslage mit in den neuen Tag.

Schritt 4: Glänzend abschließen

Die Leitfrage wird wieder aufgegriffen. Wie wirken Träume auf den Gefühlshaushalt?

Keine erkennbare Wirkung, wenn die Gefühle sich im Gleichgewicht befinden. Eine heilsame Wirkung, wenn die Gefühle ins Negative verschoben sind. Die Träume sind daher als eine Art Reparaturvorgang oder Heilungsprozess für emotionale Störungen zu betrachten.

Jetzt beginnt der Ablauf noch mal von vorn. Denn Frau Cartwright hat ja nach diesen Erkenntnissen ihre Forschungen erweitert:

1. Die nächste Forschungsfrage lautet: Ist das Heilmittel Traum auch fähig, starke Störungen der emotionalen Befindlichkeit wieder auszugleichen?
2. Versuchsdurchführung: Die Schlafexperimente werden genau so durchgeführt wie im ersten Ex-

periment. Aber die Teilnehmer sind diesmal Personen, die infolge einer Scheidung unter Depressionen leiden. Die gleichen Versuchspersonen werden ein Jahr später noch einmal untersucht.

3. Ergebnisse: Ein Teil der depressiven Versuchspersonen zeigt das schon bekannte Muster der über die Nacht hinweg positiver werdenden Trauminhalte. Bei den anderen Versuchspersonen bleiben die Träume über die ganze Nacht hinweg unangenehm und problembeladen. Bei den depressiven Träumern mit dem aufsteigenden Muster ist die Depression ein Jahr später abgeklungen, die Probanden mit den gleichbleibend schlechten Träumen haben ihre depressive Verstimmung auch nach dieser Zeit noch nicht auskuriert.
4. Diskussion: Träumen ist ein psychisches Heilmittel, das auch bei schwereren Störungen der emotionalen Befindlichkeit noch helfen kann. Dieser Heilungseffekt stellt sich allerdings nicht bei allen Menschen ein. Die Heilwirkung ist nicht stark genug, um Stimmungen aufzulösen, die zu weit unter das normale Niveau abgesunken sind.

Damit wäre auch diese Quelle in eine für Zuhörer verdauliche Form gebracht. Das ist der Plan für das kurze Referat. Diese geplante Form schreibe ich mir nicht (so wie hier im Buch unvermeidlich) voll ausformuliert auf. Weshalb nicht? Sie erinnern sich: wegen der verschärften Gefahr des Ablesens.

Der Plan wird nur als eine Folge von kurzen Notizen niedergelegt. Auf die Notizen stützt sich das, was ich sagen werde. Auf meinem Notizblatt könnte dann – übersichtlich – stehen:

Erstes Experiment

- 1. Einleitung/Fragestellung: Frühere Vermutungen über Träume (Gedächtnis, Problemlösung, Selbststimulation), Rosalind Cartwright: Wie wirken Träume auf den Gefühlshaushalt?
- 2. Versuchsdurchführung: Stimmungstest – wiederholtes Wecken und Trauminhalt erzählen.
- 3. Ergebnis: Neutrale Stimmung – kein Effekt.
- Schlechte Stimmung – positiver Trend.
- 4. Diskussion: Träume heilen schlechte Stimmung.

Zweites Experiment

- 1. Fragestellung: Wie stark ist die Heilwirkung?
- 2. Versuchsdurchführung: Versuchspersonen mit Trennungsdepression, Prozedur wie im ersten Experiment, nach einem Jahr Nachuntersuchung.
- 3. Ergebnis: Positiver Trend – Depression verschwindet, schlechte Träume bis zum Morgen – Depression bleibt.
- 4. Diskussion: Heilwirkung bei schwereren Depressionen nicht ausreichend.

Ein starker Schluss darf nicht fehlen. Damit hier nichts wackelt, kann die Formulierung fertig mitgebracht werden. Zum Beispiel:

Die Träume helfen uns, mit schlechten Stimmungen besser fertigzuwerden. Zur alten Weisheit: „Man schläft sich gesund“, kommt die neue Erkenntnis: „Man träumt sich munter.“

Sind wir nun fertig mit den Vorbereitungen? Kann der Auftritt beginnen? Bei unwichtigen Anlässen und mit wenig Stoff: ja. Aber: Es gibt auch wichtige Anlässe, bei denen viel Stoff vermittelt werden muss. Für solche Fälle gilt eine wichtige Empfehlung.

Probelauf vorschalten

Je wichtiger der Anlass und je umfangreicher der Stoff, desto ratsamer ist es, einen Probelauf vorzuschalten. Die Profis bestehen darauf. Da sollten wir Amateure uns dafür nicht zu fein sein. Am aufschlussreichsten ist der Probelauf mit den freundlichen, erprobten und Feedback-fähigen Zuhörern aus den vorhergehenden Übungsrunden. Ansonsten müssten Sie sich mit einer Aufzeichnung begnügen. Hauptsache, das geplante Referat wird laut und in vollem Umfang gehalten. Erst die komplette, laut gesprochene Version zeigt, wie viel Zeit sie beansprucht. Meistens dauert es länger, als man sich vorgestellt hat. Freundliche Zuhörer akzeptieren das. Aber manchmal ist ein enger zeitlicher Rahmen vorgegeben. Den zu sprengen könnte fatal sein. Sehr unangenehm, wenn bei wichtigen Anlässen gerade die schöne Einleitung in die ersten interessanten Beispiele übergeht und der Versammlungsleiter plötzlich interveniert: „Vielen Dank für Ihren lehrreichen Beitrag. Ich eröffne hiermit die Diskussion."

Zweitens zeigt der Probelauf, wie gut die Hilfsmittel sind. Funktioniert die Technik? Geht zu viel Zeit in die notwendigen Erläuterungen? Ergänzen und unterstützen die Hilfsmittel meine Ausführungen oder lenken sie ab, stellen sich quer, entwickeln ein störendes Eigenleben?

Am wichtigsten aber ist die Überprüfung der vollständigen Beherrschung des Stoffs. Bis hierher habe ich meine Gedanken geordnet, auf Notizen gestützt, als stummen Text innerlich ablaufen lassen. Aber bei diesem stummen Probelauf neigt man sehr dazu, über die schwierigen Stellen zu huschen. Der harte Test dafür, ob ich die schwierigen Stellen wirklich elegant bewältige, besteht darin, dass ich sie spreche, Wort für Wort. Erst dabei bemerke ich, wo meine gedankliche Vorbereitung noch Lücken, Ungenauigkeiten, holprige Stellen aufweist. Und erst dann kann ich darangehen, die Lücken mit sinnvollen Verbindungen aufzufüllen, die Ungenauigkeiten so lange zu überdenken, bis ich mir selbst Klarheit verschafft habe, und die holprigen Stellen zu glätten. Der Philosoph Ludwig Wittgenstein, der im Gegensatz zum schon zitierten Blumenberg seine Erkenntnisse in sehr viel kürzere Sätze gepackt hat, bemerkte einmal: „Alles, was sich aussprechen lässt, lässt sich klar aussprechen.“ Versuchen wir die Wahrheit seiner Worte zu beherzigen. Erinnern wir uns auch an die Lehren der „Stillen Post“: Alles, was unklar ausgesprochen wird, wird unklar weitergegeben. Bis keiner mehr etwas versteht. Bis es sich überhaupt nicht mehr sagen lässt. An dieser Stelle belehrt uns Wittgenstein mit dem berühmtesten seiner Sätze: „Wovon man nicht sprechen kann, darüber muss man schweigen.“ Vielen Dank, Herr Wittgenstein. Wir wollen aber erst noch ein wenig weitersprechen.

7 Der Zuhörer, das anspruchsvolle Wesen

Die Zufriedenheit des Referenten mit seiner Leistung sollte nicht gering geschätzt werden. Ohne Panne und planmäßig über alle Schwierigkeiten an das gute und starke Ende gekommen zu sein, das ist schon ein Erfolgserlebnis. Aber die entscheidenden Fragen bleiben doch wie bei jeder Dienstleistung: Wurde der Empfänger gut bedient? Wie steht es mit der Kundenzufriedenheit?

Wechseln wir also die Perspektive und erkundigen uns bei den Zuhörern, die nicht zufrieden sind. Denn von ihnen können wir lernen, wo noch Verbesserungen angebracht sind. Die Antworten, die wir erhalten, weisen in zwei Richtungen:

- Ich habe nicht so recht verstanden, was da gesagt wurde.
- Ich habe mich während des Referats gelangweilt.

Die erste Beschwerde hängt offenbar mit der Schwierigkeit des Gesagten zusammen, die zweite eher mit der Art der Darbietung. Zusammen ergeben sich vier grundsätzliche Konstellationen, und nur eine davon kann als voller Erfolg gewertet werden:

Nämlich das Referat, das der Zuhörer versteht und das er spannend findet. Leser von Joanne Rowling sind mit diesen Referaten vertraut. Wenn am

Ende der weise Oberzauberer Dumbledore den ganzen Plot noch einmal aufgreift und alle offenen Fragen aufklärt, die Harry Potter auf der Seele brennen, dann sind persönliches Interesse und Aufklärung des Unverständlichen optimal verbunden.

Der totale Fehlschlag ist das langweilige und unverständliche Referat (z. B. der Biochemiker, der Schülern einer Hauswirtschaftsschule mit monotoner Stimme die Zelltypen des Immunsystems erklärt).

Die häufigste Form des Misslingens ist das verständliche, aber langweilige Referat. Etwa ein mit endlosen Zahlenkolonnen gespickter Bericht über die Entwicklung der Mehrwertsteuer.

Und selten einmal kommt es auch vor, dass ein Referat zwar als interessant erlebt, aber nicht verstanden wird. Das könnte etwa ein Vortrag über Galaxien und schwarze Löcher sein, mit schönen Bildern, eindrucksvollen Phänomenen und einer undurchdringlichen Physik.

Um nicht in die Zone der Fehlschläge zu geraten, kommen wir also nicht umhin, uns zunächst mit der Bewältigung der Schwierigkeiten und dann mit der Vertreibung der Langeweile zu beschäftigen.

Die Bewältigung der Schwierigkeiten

Oder: die Herstellung von Verständlichkeit.

In der Literatur werden gerne folgende vier „Verständlichmacher" genannt:

- Einfachheit (der Formulierungen und des Vokabulars),

- Gliederung (des Vortrags in gut unterscheidbare Elemente, Abschnitte, Unterpunkte),
- Kürze und
- Prägnanz (Beschränkung auf das Wesentliche, keine Weitschweifigkeit).

Zusätzliche Stimulationen sind beispielsweise anregende Beispiele, Visualisierungen, Zwischenfragen oder witzige Vergleiche.

Mit dieser kleinen Liste positiver Vorgaben kann gearbeitet werden. Man kann aber auch die Zuhörer befragen, wo denn die Gründe für ihr Unverständnis liegen. Dann erhält man eine Liste von Verständnisproblemen, die etwa so aussieht:

- Worum ging es überhaupt in dem Vortrag?
- Die Darstellung hat mich verwirrt.
- Die Erklärungen waren nicht klar.
- Die Sprache war zu kompliziert.
- Es kamen zu viele unverständliche Wörter vor.

Je weiter oben ein Problem in der Liste steht, desto wichtiger ist seine Bewältigung. Denn die einfache Sprache nützt nichts, wenn die Folge der Argumente chaotisch ist. Und feine Erklärungen nützen nicht viel, wenn man nicht weiß, in welchem Zusammenhang sie stehen. Das eine oder andere unverständliche Wort dagegen wirft den Zuhörer nicht aus der Verständnisbahn, wenn die Gesamtanlage des Vortrags überschaubar bleibt. Bildlich gesprochen: Um sich in einem Labyrinth zurechtzufinden, hilft es nicht, wenn die Wege gepflastert sind. Aber in einem übersichtlichen Park kommt man auch auf holprigen Wegen sicher zum Ausgang.

Das Problem der Verständlichkeit tritt auf allen Ebenen eines Vortrags auf und muss auf allen Ebenen gelöst werden.

Auf der obersten Ebene geht es um das Verstehen der Thematik, ihre Bedeutung im kulturellen, wissenschaftlichen oder technischen Kontext. Dieses Problem wird durch orientierende Hinweise gelöst.

Auf der nächsten Ebene steht der innere Zusammenhang des Vortrags, seine Struktur, zur Diskussion. Durch eine transparente Gliederung und begleitende Hinweise kann hier für die nötige Klarheit gesorgt werden.

Die dritte Ebene umfasst sämtliche Stellen, an denen Erklärungen vorkommen. Solche Stellen erhöhter Schwierigkeit werden entschärft durch vermindertes Tempo des Informationsangebots, durch Auflösung der Information in kleine Portionen und durch anschauliche Beispiele.

Auf der untersten Ebene geht es um die Verständlichkeit der kleinen grammatikalischen Einheiten: Sätze und Wörter. Kürze, Einfachheit und Begriffsklärung lauten die Antworten.

Ebene 1: Orientierung vorgeben

Die Zuhörer sind, wie der Name sagt, nicht taub. Aber sie sind immer nur auf der Höhe des eben Gesagten, ohne Vorausschau auf die kommenden Aussagen. So betrachtet sind sie blind und der Sprecher ist der sehende Führer der Blindengruppe.

Zu einer Gruppe Blinder würde der sehende Anführer sicher nicht sagen: „Folgen Sie einfach dem Geräusch meiner Schritte“, und dann mit flottem Tempo ins Labyrinth eindringen, um Kanten und Ecken, mal links, mal rechts abbiegend und ohne anzuhalten. Die Blinden würden stolpern, gegen Wände laufen und den Anschluss verlieren. Ein umsichtiger Blindenführer würde schon im Eingangsbereich eine Orientierung über die wesentlichen Gegebenheiten des Geländes voranschicken: „Der Weg führt durch sumpfiges Gelände, achten Sie auf die Weichheit und Feuchtigkeit des Untergrunds.“ Oder: „Der Weg führt durch Zonen unterschiedlicher Gerüche, achten Sie auf den Duft von Blüten, den Geruch von Harz und den Gestank von Faulgas.“ Oder: „Der Weg führt durch ein Vogelschutzgebiet. Sie werden die verschiedensten Vogelrufe hören.“

Die vorgegebene Orientierung richtet die Aufmerksamkeit auf die angekündigten Informationen. Wenn Vogelstimmen zu erwarten sind, werden Gerüche und Bodenbeschaffenheit kaum beachtet und schlecht erinnert. Man spricht hier von selektiver Wahrnehmung. Der Vortragende ist verantwortlich dafür, dass die Wahrnehmung seiner Zuhörer von Anfang an selektiv die wichtigen Informationen erfasst.

In der Einführung des Traumexperiments wird gesagt, es handle wesentlich von der Methodik der Traumerfassung im Schlaflabor. Damit wird die Aufmerksamkeit der Zuhörer vom eigentlichen Thema, der emotionalen Regulation, abgelenkt. Die wesentlichen Informationen werden nicht richtig gewichtet, der Gesamtertrag des Referats bleibt unbefriedigend.

Die anfängliche Orientierung der Aufmerksamkeit entscheidet darüber, wie die nachfolgenden Informationen verarbeitet werden.

Ebene 2: Struktur transparent machen

Gliederung voranstellen

Die Gliederung bildet den zeitlich geordneten Plan der gesamten Wegstrecke ab. Die Zuhörer werden aus dem Zustand der Blindheit herausgeführt und können sehen, was auf sie zukommt. Kurze Erläuterungen zu den einzelnen Gliederungspunkten helfen auch hier wieder, die Aufmerksamkeit selektiv einzurichten. Nach Möglichkeit sollte der Fortgang des Referats präsent gehalten werden wie in einem Navigationssystem. Ganz komfortabel wäre ein Ortspfeil, der die augenblickliche Position abbildet. Aber es reicht auch der als Zeiger abgelegte Stift auf der Folie.

Zwischenüberschriften aussprechen

Das Referat besteht aus einzelnen Elementen oder Bauteilen, die in sich geordnet und kohärent sind. Wo die Bauteile (zum Beispiel Fragestellung und Versuchsdurchführung) aneinanderstoßen, entstehen Fugen. Der Versuch, die Fuge zu verkleistern, geht zulasten der strukturellen Klarheit. Die Klarheit nimmt zu, wenn ausgesprochen wird, wo etwa die Entwicklung der Fragestellung abgeschlossen ist und die Durchführung des Experiments beginnt. Mit Worten können die Bauteile so klar voneinander abgesetzt werden, wie es der Text mit Überschriften und Leerzeilen tut.

Das kann auch **in Form einer Frage** geschehen: „Möglicherweise greifen Träume verändernd in den Stimmungshaushalt ein. *(Hier verläuft die Trennfuge zwischen Einleitung und Versuchsdurchführung.)* **Wie ging Cartwright vor, um diese Vermutung zu testen?**“

Kommendes ankündigen

Die Blinden brauchen auch genaue Hinweise zu ihrer direkten Umgebung. Ein umsichtiger Führer weist rechtzeitig auf die kritischen Stellen hin: „Vorsicht, Stolperstein, Vorsicht, Lücke im Pflaster, Vorsicht, Nilpferd von links!“ Für die Zuhörer ist es hilfreich, wenn sie sich auf die Stellen mit höherer Schwierigkeit einstellen können.

„Es kommt eine steile Treppe mit fünf Stufen.“ Auch Hörer schätzen solche Hinweise zur Menge und Art der kommenden Gedanken. „Ich werde jetzt vier wesentliche Faktoren erläutern, die zur Erwärmung des Weltklimas beitragen.“ Der Zuhörer weiß, was kommt und wie viel davon. Ohne diesen Hinweis würde er sich vielleicht nach dem dritten Faktor fragen, wie viel denn da noch kommt und ob denn diese Aufzählung überhaupt nicht aufhört. Ankündigungen der Quantität helfen dem Zuhörer, seine Kondition einzuteilen. Daher die beliebten Merkverse, in denen Zahlen als Gedächtnishilfe eingebaut sind. Es heißt eben: „Wer will guten Kuchen backen, der muss nehmen sieben Sachen: Eier und Salz, Zucker und Schmalz, Milch und Mehl, Safran macht den Kuchen gel.“ Es könnte auch heißen: „Wer will guten Kuchen backen, der muss nehmen gute Sachen …“ Wenn es sieben Sachen sind, weiß der Bäcker, dass er etwas vergessen hat, wenn nur sechs Zutaten bereitliegen. Wenn er von der Sieben nichts weiß, kommen ihm vielleicht fünf Sachen schon ausreichend vor.

Machen Sie keine Ankündigungen, die Sie nicht einlösen werden. Wer sieben Sachen verspricht, muss sieben Sachen bringen.

Ohne Überschuss konstruieren

Zur Klarheit der Struktur gehört auch, dass die einzelnen Elemente eines Vortrags zusammenarbeiten. Wenn eines fehlt, dann entsteht eine Lücke, die den Gesamtablauf stört.

Wenn im Teig der Zucker fehlt, schmeckt der Kuchen wie Pappe. Wenn in der Dienergeschichte (siehe „Stille Post") Fleisch und Tischtuch fehlen, stockt die Handlung. Wenn im Traumartikel die Stimmungsbefragung vor dem Einschlafen nicht genannt wird, leidet die Verständlichkeit der Ergebnisse. Wenn die Rotweintrinker keine Kenner sind, geht die Pointe der Untersuchung verloren.

Das ist die Seite der unverzichtbaren Informationen. Beim Aufbau eines Vortrags sollte die Frage immer mitlaufen: Brauche ich den Teil, an dem ich gerade arbeite? Wie passt er sich in die Gesamtdarstellung ein? Was würde geschehen, wenn dieser Teil (ein Argument, ein Beispiel, ein Versuchseffekt et cetera) nicht erwähnt würde? Wenn die Antwort nur lautet: „Das Referat wird sonst kürzer", sollte man über die Entbehrlichkeit des Teils nachdenken.

Es sollte auch keine Teile geben (Argumente, Beispiele, Effekte), die ohne Zusammenhang zur Gesamtdarstellung bleiben, keinen erkennbaren Beitrag leisten. Bestenfalls gehen sie verloren. Doch was schlimmer ist, sie könnten das Denken der Zuhörer in eine falsche Richtung lenken:

Der Diener bringt die Suppe und den Kuchen. Der Herr wirft die Suppe aus dem Fenster. – Was ist mit dem Kuchen?

Rosalind Cartwright gibt ihren Versuchspersonen vor dem Einschlafen ein süßes Betthupferl. – Warum macht sie das? Denkt sie denn nicht an Karies?

Die Weinprobe geht nach der Beurteilung des mittelmäßigen Bordeaux in ein Besäufnis über. – Zu einem solchen Experiment möchte ich auch einmal eingeladen werden.

Fazit dieser Beispiele: Die überschüssigen Teile, die Handlungen, Materialien, Effekte, die sich nicht in den Zusammenhang einfügen, stiften nur Verwirrung und sollten ausgemustert werden. Es ist ein Zeichen von schlechten Vorträgen, wenn viel Überflüssiges mitgeliefert wird, das wie angeklebte Ornamente oder nachträglich angeschraubte Zahnräder den Blick verstellt und ablenkt, zum Funktionieren des Ganzen aber nichts beiträgt.

Der Konstrukteur, dem nach dem Zusammenbau seines Modells sechs Schrauben und vier Zahnräder übrig bleiben, ist ein schlechter Konstrukteur. Für die Konstrukteure von Referaten gilt das Gleiche.

Ebene 3: Erklärungen klären

Solange die Darstellung als einfache, aufzählende Beschreibung von Prozeduren und Fakten vorangeht, werden die Zuhörer keine Mühe haben, zu folgen. Das ändert sich an den Stellen, wo Zusammenhänge zwischen Sachverhalten argumentativ begründet werden müssen. Die Stellen, die sich der Vortragende hart erarbeiten musste, sind auch schwierig für die Zuhörer.

Am besten ist es, den Zusammenhang der Ereignisse und Wirkungen in viele kleine Schritte zu zerlegen und die Schritte in der richtigen Reihenfolge auszuführen.

Was geschieht bei einer HIV-Infektion?

Schritt 1: Sobald die HI-Viren in die Blutbahn gelangt sind, schwimmen sie passiv im Gewimmel der Zellen, aus denen das Blut besteht.

Schritt 2: Aber wenn ein HI-Virus zufällig an eine sogenannte T-Zelle gerät, kann er sich dort verankern und in die Zelle eindringen.

Schritt 3: Im Inneren der T-Zelle angekommen, zwingt das eingedrungene Virus sie dazu, eine Vielzahl von Kopien des Eindringlings herzustellen.

Schritt 4: Die T-Zelle geht unter dieser Zwangsarbeit bald zugrunde. Wenn sie sich sterbend auflöst, werden die Viruskopien frei, die nun passiv in der Blutbahn schwimmen und auf ihre nächste Mitfahrgelegenheit warten.

Schritt 5: Die einzige Veränderung: Jetzt sind es mehr HI-Viren als zu Beginn. Daher kommt es schneller und öfter zu Begegnungen der Viren mit T-Zellen.

Schritt 6: Die T-Zellen sind wichtige Agenten in der Immunabwehr. Wenn immer mehr Agenten von immer mehr Eindringlingen übernommen, als Brutstätten missbraucht und eliminiert werden, funktioniert die Abwehr nicht mehr richtig.

Schritt 7: Das Krankheitsbild der „erworbenen Immunschwäche" (Aids) erscheint.

Wichtig ist, dass die Schrittweite stimmt. In keinen Schritt sollte mehr Information eingepackt werden, als die Zuhörer verarbeiten können. Zwischen den Schritten darf auch keine Lücke gelassen werden, die von den Zuhörern selbst geschlossen werden muss. Dafür haben sie nämlich keine Zeit.

Der Einbau von Wiederholungen verlangsamt das Tempo der Mitteilung und erhöht die Chance, dass weniger aufmerksame Zuhörer das Gesagte zumindest einmal erfassen. Daher wird Redundanz bevorzugt dort eingesetzt, wo die Botschaft auf keinen Fall verkürzt oder verstümmelt werden darf, etwa bei der Weitergabe empfindlicher Daten.

„Du musst Kartoffeln kochen, Holz spalten und die Stube fegen“, befiehlt der große und gefährliche Zauberer Petrosilius Zwackelmann dem Kasperl. „Wiederhole es mir: Was musst du erledigen?“

Das ist die klassische Methode, die Weitergabe von Befehlen abzusichern, indem der Befehlsempfänger den Befehl wiederholt. In diesem Fall, nachzulesen in Otfried Preußlers Kinderbuch vom Räuber Hotzenplotz, scheitert die Methode allerdings am eigenwilligen Gedächtnis des Kasperls, der die Kartoffeln spalten, das Holz fegen und die Stube kochen möchte. Bei normal merkfähigen Empfängern erhöhen Wiederholungen die Übertragungsrate.

Die unerwünschte Kehrseite der Wiederholung betrifft die aufmerksamen und schnell begreifenden Zuhörer. Für sie ist die Wiederkehr des schon Bekannten ein Beitrag zur Langeweile.

Es gibt zum Glück ein bewährtes Mittel, notwendige Wiederholungen einzuführen, ohne Langeweile aufkommen zu lassen – das Beispiel. Gönnen wir uns eines:

Die Träume in den ersten Phasen des Schlafs greifen die schlechte Stimmung auf, die vor dem Einschlafen vorherrschend war. In der Traumhandlung wird das Problem weiter bearbeitet, das im Wachzustand auf die Stimmung drückte.

Bis hierher ist der allgemeine Sachverhalt mit zwei un-

terschiedlich lautenden, aber sinngemäß vergleichbaren Formulierungen mitgeteilt worden. Eine Wiederholung wäre damit schon untergebracht. Aber weshalb nicht noch ein Beispiel nachschieben?

Eine Versuchsteilnehmerin, die sich untertags über ihren Chef geärgert hatte, berichtet, dass sie in ihrem ersten Traum vergeblich versucht habe, einen störrischen Esel einen steilen Bergpfad hinaufzutreiben.

Das Beispiel illustriert die abstrakte Aussage, ohne sie platt zu wiederholen. Das Beispiel liefert Anschaulichkeit, wo vorher nur ein unanschaulicher Zusammenhang behauptet wurde. Das Beispiel sorgt für eine kleine Erfrischung der Aufmerksamkeit im nüchternen Gang der Argumentation. Das Beispiel ist in mehrfacher Hinsicht ein wunderbares Mittel zur Belebung der Verständlichkeit. Treffende Beispiele eignen sich besonders, die erklärenden Passagen anschaulicher und griffiger zu machen.

Wie der Schluss des Referats sollten Sie auch die Auswahl der Beispiele nicht der spontanen Eingebung überlassen. Ein gutes Beispiel ist nicht leicht zu finden. Daher muss man es rechtzeitig suchen.

Besonders bei der Entwicklung von Erklärungen kommt es darauf an, die Fähigkeiten der Zuhörer richtig einzuschätzen. Welche Vorbildung bringen sie mit? Wie alt sind sie? Wie schnell erfassen sie neue Informationen? Bei gut ausgebildeten Zuhörern wird man einen Sachverhalt anspruchsvoll und komprimiert darlegen können. Ein qualifiziertes Publikum würde sich unterfordert und vielleicht sogar nicht ausreichend respektiert fühlen, wenn die Referentin mit vielen Wiederholungen, in vielen kleinen Schritten und mit vielen einfachen Beispielen ein Thema langsam und vorsichtig und vereinfacht erarbeitet. Die „Sendung mit der Maus“ ist für Kinder gemacht, Fachleute erwarten gehaltvollere Kost.

Ebene 4: Sprachverständnis erleichtern

Sätze vereinfachen

Die grammatikalische Einheit ist der Satz. Im Deutschen besteht er aus mindestens zwei Wörtern, Subjekt und Prädikat: Hans tanzt. Liese liest. Otto motzt. Nach oben gibt es keine Begrenzung. Da der Satz aber auch die Einheit ist, über die Verstehensprozesse abgerechnet werden, steigen die geistigen Kosten mit jedem Wort, um den sich ein Satz verlängert. Was ich eben geschrieben habe, war schon nicht ganz preiswert. Es gibt aber noch wesentlich teurere Exemplare. Greifen wir als Beispiel einen verwickelten Satz auf, dem wir schon begegnet sind. Damals haben wir ihn entmutigt liegen lassen, diesmal wird er abgewickelt.

Originalversion von Blumenberg: „Da der Mensch nichts dazu tun kann, den Grund seines Daseins zu der Qualität des zureichenden Grundes zu sanieren, hat er die beinahe unglaubliche Kompetenz durch die Natur zugeteilt erhalten, für die Beruhigung seiner Nachkommen über ihre Herkunft durch das Ganze seiner moralischen Glaubwürdigkeit einstehen zu können.“

Vereinfachte Version: Der Mensch weiß nicht, warum es ihn gibt. Das ist ein Mangel, der nicht zu ändern ist. Aber wenigstens kann der Mensch seinen Nachkommen mitteilen, von wem sie abstammen. Damit sie ihm glauben, muss er allerdings moralisch glaubwürdig sein.

Es geht doch! Aus dem verwickelten langen Satz sind vier glatte, handliche Aussagen geworden. Über die Gesamtaussage lässt sich streiten. Aber um vernünftig streiten zu können, muss man erst einmal klar sehen, worüber. Der philosophisch dunkle Stil ist verloren gegangen. Aber was an Dunkelheit verloren ging, haben wir an Klarheit gewonnen.

Das Beispiel ist aber nicht zur Entzauberung eines Philosophen gewählt worden. Das Streben nach Verständlichkeit ist unser Thema. Wenn die Zuhörer mit „kostspieligen“ Sätzen konfrontiert werden, sind sie so beschäftigt, den Sinn dieser Sätze zu erfassen, dass sie den Zusammenhang der Sätze vernachlässigen. Die intensive Arbeit auf der untersten Verständnisebene behindert die Abläufe auf den darüber liegenden.

Sie kennen diesen Effekt vielleicht von der Lektüre eines Textes in einer nicht geläufigen Fremdsprache. Die Anstrengung, die es kostet, beim Lesen ständig zu übersetzen, führt leicht dazu, dass zwar der Inhalt einer Zeile, eines Satzes präsent ist, der Sinn des ganzen Textes aber verloren geht. Das Erfassen jedes einzelnen Baumes verstellt hier tatsächlich den Blick auf den Wald.

Bilden Sie einfache Sätze. Komplizierte Sätze verbrauchen die Arbeit des Verstehens an der falschen Stelle.

Wortverwendung bedenken

Absichtlich benutzen wir sie ja nicht, die besonderen Wörter, deren Bedeutung den Zuhörern unbekannt sein könnte. Aber manchmal unterläuft uns dieser Fehler. Vorzugsweise dort, wo wir uns ganz selbstverständlich bewegen. Auf unserem Fachgebiet.

Jedes Fach hat einen speziellen Wortschatz entwickelt, der die Kommunikation unter Fachleuten erleichtert, beschleunigt, präzisiert.

Unter Physikern ist die Feldlinie eine Selbstverständlichkeit, unter Medizinern das Ganglion, unter Psychologen die operante Konditionierung. Die Illusion der Fachleute ist, dass das ihnen Selbstverständliche den anderen auch vertraut sei. Das ist eine Form von Betriebsblindheit. Ich habe vergessen, dass ich den mir vertrauten Begriff selbst einmal lernen musste. Halte ihn für einen Teil des Allgemeinwissens.

Was tun? Ich muss mir das Fachvokabular, das in meinem Vortrag steckt, bewusst machen und die verwendeten Begriffe zur Erklärung vorbereiten. Im Zweifel kann während des Vortrags gefragt werden, ob eine Begriffsklärung notwendig, erwünscht oder überflüssig ist. Zentrale Begriffe, von denen das Verständnis abhängt, sollten aber auf jeden Fall sorgfältig dargelegt werden.

Die Schwierigkeiten des Gegenstands

Jetzt haben wir einige Techniken zusammengetragen, um den Zuhörer vom Großen und Ganzen bis hinunter zu den kleinsten Einheiten verständlich zu erreichen. Aber auch wenn wir alle diese Techniken beherrschen und richtig anwenden, gibt es eine Grenze der Mitteilbarkeit. Sie liegt in der Schwierigkeit des Gegenstandes.

Es gibt kein genaues Maß dafür. Aber man kann doch angenähert sagen, dass der Schwierigkeitsgrad einer Sache davon abhängt, wie viele einzelne Informationen man kennen muss, um sie zu verstehen, und wie viele Wechselwirkungen zwischen diesen Informationen ablaufen, wie viele aktive, wirksame Verbindungen den Zustand des Ganzen verändern.

Nach dieser Definition gehören das menschliche Gehirn (streng genommen haben wir noch nicht einmal das Fliegenhirn ganz verstanden), das Immunsystem und das Erdklima zu den schwierigsten Sachverhalten, um deren Verständnis sich momentan die schlauesten Köpfe bemühen. Diese hochkomplexen Systeme bestehen aus vielen verschiedenen Teilen und noch mehr Verbindungen zwischen diesen Teilen. „Alles hängt mit allem zusammen - aber nur schwach."

Wie kann man solche Höchstschwierigkeiten anderen wenigstens so weit mitteilen, wie man sie selber verstanden hat?

Das Prinzip entwickeln

Nur die wesentlichen Faktoren benennen und die Art ihrer Verbindung aufzeigen.

Der Kurvenflug des Bumerangs

Warum fliegt der Bumerang zum Werfer zurück? Entscheidend ist, dass der Bumerang, der in eine bestimmte Richtung geworfen wird, diese Richtung nicht beibehält, sondern permanent davon abweicht. Wenn ein bewegter Körper permanent von der eingeschlagenen Richtung abweicht, begibt er sich auf eine kreisförmige Bahn und wird irgendwann zum Ausgangspunkt zurückkehren. Nach diesem Prinzip funktioniert der Bumerang. Die nächste Frage ist, was ihn zu dieser permanenten Abweichung bringt. Antwort: Der Bumerang ist ein fester Körper, der sehr schnell um seinen Schwerpunkt rotiert. Durch den Luftwiderstand entsteht ein Ungleichgewicht.

Der Luftwiderstand ist höher auf der Seite, die sich in die Bewegungsrichtung dreht. Denn dort kommt zu der Vorwärtsbewegung des ganzen Körpers noch die Rotationsgeschwindigkeit. Die Seite, die aus der Bewegungsrichtung rotiert, erzeugt weniger Luftwiderstand. Deswegen wird der rotierende Körper permanent aus seiner Bewegungsrichtung gedrängt, und zwar nach der Seite der gegenläufigen Rotation, wo der Widerstand geringer ist. Ein nach links rotierender Ball beschreibt eine leichte Linkskurve, ein nach rechts rotierender Ball fliegt nach rechts. So entstehen die „krummen" Flanken und Eckbälle beim Fußball. Nur ist beim Fußball der Unterschied des Luftwiderstands zwischen linker und rechter Seite so gering, dass die Flugbahn eine sehr flache Kurve beschreibt. Der Ball ist längst auf dem Boden gelandet, bevor er zur Eckfahne zurückfliegen könnte. Aber wenn das Ungleichgewicht stark genug ist und der rotierende Körper lang genug fliegt, wird die Flugbahn in eine enge Kurve gelenkt, die sich lang und lang und lang über dem Boden dahinzieht. Der Bumerang ist ein Körper, der extra so gebaut ist, dass der Druckunterschied hoch und die Flugdauer lang ist, und deswegen kommt er nach einem kräftigen Wurf zum Werfer zurück.

In Wirklichkeit ist das alles noch wesentlich komplizierter. Tragflächeneffekte und die Physik des Kreisels spielen mit herein. Aber wir wollten hier lediglich das Prinzip verstehen, das mit den Begriffen „fliegender rotierender Körper", „Luftwiderstand" und „Richtungsänderung" dargestellt werden kann. In vielen Fällen reichen solche Näherungslösungen aus. Die komplizierte Wirklichkeit wird dabei auf die Darstellung des zentralen Zusammenhangs reduziert.

Erwärmung der Erdatmosphäre

Die Erde ist so weit von der Sonne entfernt und bekommt daher so wenig Strahlung, dass ihre Oberfläche eigentlich unter ewigem Eis liegen müsste. Ein geringer Prozentsatz Kohlendioxid in der Erdatmosphäre genügt, die ewige Eiszeit zu verhüten. Denn das Kohlendioxid hindert die eintreffende Strahlungswärme der Sonne daran, einfach in den Weltraum reflektiert zu werden. Die Wärme wird zum Teil zurückgehalten und speist die Warmluftheizung des Planeten. Da diese Form der Wärmespeicherung sehr effektiv ist, genügen schon kleine Schwankungen der CO_2-Konzentration, um große Veränderungen im globalen Wärmehaushalt hervorzurufen. Viele Erkenntnisse der Klimaforschung deuten darauf hin, dass die vom Menschen im letzten Jahrhundert freigesetzten CO_2-Mengen ausreichen, um das Erdklima nachhaltig zu erwärmen.

Der zentrale Zusammenhang zwischen CO_2-Konzentration und Erderwärmung ist damit erklärt, bei Bedarf können weitere Zusammenhänge der Klimaforschung eingeführt werden.

Am Ende läuft die Erklärung von Höchstschwierigkeiten immer auf die Kunst der Vereinfachung hinaus, die zunächst und vor allem den zentralen Zusammenhang erfasst. Damit ist in der Regel auch das Funktionsprinzip aufgeklärt. Bei Bedarf können die nicht erwähnten Komplikationen wieder eingebaut werden, eine nach der anderen. Aber irgendwo stößt jeder an die Grenze, jenseits der trotz aller Bemühungen das klare Verständnis versagt. Dort kommt dann Wittgenstein doch noch zu seinem Einsatz:

„Wovon man nicht sprechen kann, darüber muss man schweigen."

Die Vertreibung der Langeweile

Wenn zu wählen wäre zwischen „unterhaltsam und unverständlich“ oder „langweilig und verständlich“, würde ich für die Verständlichkeit plädieren. Dummerweise muss gewählt werden, zumindest tendenziell.

Denn das ganz genau dargelegte, erklärte, mit Wiederholungen, Begriffsklärungen, Gliederungshinweisen abgesicherte Stück … wird tendenziell schon ein bisschen langweilig wie alles hochgradig Geordnete.

„Zwei Gefahren bedrohen die Welt“, sagt Paul Valéry in seinen Tagebüchern, „die Ordnung und die Unordnung.“ Zu viel Ordnung, und Erstarrung breitet sich aus. Alles wird vorhersehbar, steht in Reih und Glied. Nichts tanzt aus der Reihe. Auf diesen Mangel an Überraschendem reagiert der Zuhörer mit Langeweile. Wenn andrerseits zu viel Unordnung sich ausbreitet, lösen sich die Zusammenhänge auf. Alles hängt immer noch mit allem zusammen, aber nur mehr sehr schwach.

Was den Unterhaltungswert steigert, die spontanen, überraschenden Wendungen, die Neugier ohne sofortige Auflösung, die starken, bunten Effekte, die die Aufmerksamkeit kitzeln, die lustigen Einschübe oder Abschweifungen – das alles trägt Unordnung, Abweichung, Ablenkung in den gut geplanten Ablauf.

In der Werbung spricht man vom Vampir-Effekt, wenn der Spot so gut und witzig (oder auch erotisch) gelungen ist, dass die Konsumenten vor Staunen, Lachen oder Erregung den Markennamen nicht beachten.

Vergleichbares kann auch dem Vortragenden passieren. Am Ende sagen die Zuhörer: Wir haben gelacht, wir hatten gute Unterhaltung, da war so viel Überraschendes geboten. Die Referentin ist wirklich pfiffig, witzig, spritzig. Aber worum ging es eigentlich in dem Vortrag?

Im Zweifel halten Sie sich an die Verständlichkeit und entscheiden sich gegen den Unterhaltungswert.

Extrinsische und intrinsische Stimulationen

In der Motivationstheorie wird unterschieden zwischen extrinsischer und intrinsischer Motivation. Extrinsisch motiviert ist ein Verhalten, das als Mittel zum Zweck eingesetzt wird. Ein Weintrinker schnüffelt am Korken, hält den Wein gegen das Licht und rollt einen Probeschluck im Mund herum. Aber er tut das nicht, um seinen Genuss zu verstärken, sondern um sich den Anschein des Kenners zu geben. Er zieht eine Weinshow ab, um Statuspunkte zu sammeln. Das ist extrinsisch motiviertes Trinken. Der intrinsisch motivierte Weintrinker schnüffelt, prüft und rollt genauso, aber ihm geht es um die Steigerung des Geschmacks. Eine Sache um ihrer selbst willen tun, das ist intrinsische Motivation.

Extrinsische Stimulationen

Die Unterscheidung nach extrinsischen und intrinsischen Beweggründen kann auf die Mittel übertragen werden, die eingesetzt werden, um einen Vortrag unterhaltsamer zu gestalten. Extrinsisch wären dann die Effekte zu nennen, die zwar Aufmerksamkeit erregen, aber nicht zum besseren Verständnis des Themas beitragen. Spielen wir einige solcher Effekte am Beispiel des kleinen Traumreferats durch. Der Klarheit wegen wollen wir vor Übertreibungen nicht zurückschrecken.

In der Entwicklung der Fragestellung werden Schlafliedchen abgespielt. Der Referent legt ein Kopfkissen aufs Vortragspult. Bei der Erwähnung der Forschungsfrage erscheint ein riesiges buntes Fragezeichen auf der Projektionsfläche.

Zur Veranschaulichung des Versuchsablaufs klebt der Vortragende eine EEG-Elektrode an die Wand. Eine Tonaufzeichnung von Schnarchgeräuschen wird eingeblendet. Der Vortragende befragt einige Zuhörer nach ihren letzten Träumen, um Interaktion einzubauen.

Die Ergebnisse werden mit einem triumphierenden „Tataa" à la Benjamin Blümchen hinausposaunt. Der Referent stülpt sich eine Monstermaske aufs Gesicht, während er von den ersten Träumen berichtet. Die morgendliche Stimmungsaufhellung wird von einer hampelnden Kasperlfigur illustriert. Die Diskussion wird begleitet von einer Bildsequenz, die schlafende Löwen, Schwäne und Hamster darstellt.

Der Schluss wird mit einem Gongschlag angekündigt.

Bei diesem multimedialen Rummel wird sich gewiss kein Zuhörer langweilen, aber der Inhalt der Botschaft verschwindet unter einer Lawine von Effekten. Extrinsische Stimulation unterhält, aber sie klärt nicht auf.

Extrinsische Stimulation wirkt wie von außen aufgesetzt, intrinsische Stimulation ist in die Argumentation integriert. Sie verstärkt die Hauptaussage und korrespondiert mit den Inhalten.

Intrinsische Stimulationen

- **Die Wichtigkeit** der Fragestellung betonen.

Die Schlafverlaufskurve einer Nacht geht mehrmals im Wechsel durch Tiefschlafwannen und über Trauminseln. Der Tiefschlaf dient der Erholung, die Träume dazwischen scheinen zunächst wie Beiwerk. Aber in früheren Studien, in denen durch gezielte Weckungen der Schlaf immer dann unterbrochen wurde, wenn die nächste Traumphase begann, stellte sich heraus, dass nach einer Nacht ohne Träume das emotionale Gleichgewicht ins Wanken geriet. Die Träume scheinen also eine zentrale Rolle im Haushalt der Emotionen zu spielen.

- **Neue Aspekte** der Fragestellung aufzeigen.

Seit Freuds Tagen interessiert sich die Psychoanalyse für Trauminhalte. Für Freud stellen sie den Königsweg zur Deutung unbewusster Konflikte und Wünsche dar. Die Traumdeutung ist die dabei verwendete Methode. Das Traummaterial liefern die Klienten. Sie können aber nur erzählen, woran sie sich erinnern. Erinnert werden vorzugsweise die Träume am Ende der Nacht. Die sind aber, nach Cartwrights Befunden, eher entspannt und heiter. Es könnte sein, dass die Psychoanalytiker seit Generationen mit dem falschen Traummaterial arbeiten, den entschärften Ausläufern der Morgenstunden, die wenig Zugang zur zentralen psychischen Problematik bieten.

- Neugier wecken.

Im einfachsten Fall gelingt das mit einer einfachen Frage: Die ersten Träume einer Nacht sind vollgepackt mit unangenehmen Bildern – womit aber füllen sich die längeren Träume gegen Morgen? Eine Frage hat den großen Vorteil, dass sie Spannung erzeugt. Die beliebten rhetorischen

Fragen leisten das. Der Zuhörer wird momentan einbezogen. Überleg doch mal! Was meinst du denn, wie es weitergeht? Was dabei herauskommt? Jede Frage ist ein Minirätsel. Und unser Verlangen nach Rätseln, der Reiz, der von ihnen ausgeht, hat den Kriminalroman zu einer der erfolgreichsten Literaturgattungen gemacht.
Neugier kann auch geweckt werden durch komplette Rätsel. Beispielsweise kann eine Grafik der Schlafverlaufskurve gezeigt werden. Der Wechsel von Tief- und Traumschlaf, die Lage und Dauer der Tiefschlafzustände und der Traumepisoden bilden zusammen ein komplexes Muster, in dem trendartige Veränderungen und konstante Anteile miteinander verbunden sind. Rätselfragen an die Zuhörer: Sehen Sie den Wechsel? Sehen Sie die unveränderliche Basis? Die gemeinsame Auflösung des Rätsels kann dem Vortrag ein lebendiges und spannendes Zentrum bescheren.

- Überraschungen auspacken.
  Die Aufmerksamkeit schwingt sich in lichte Höhen, wenn der Zauberer in den Zylinder greift. Was wird er herausholen? Das weiße Kaninchen? Oder ein Büschel Heu? Ähnlich verhält es sich, wenn es gelingt, einem scheinbar bekannten Thema eine ungeahnte Wendung zu geben.

Bei der Betrachtung der Schlafverlaufskurve kann man erkennen, dass eine Tiefschlafwanne zusammen mit der anschließenden Traumepisode immer gleich lang dauert. Und zwar um die 90 Minuten. Tiefschlaf plus Traumschlaf stellen offenbar einen Zeitbaustein dar, der in mehrfacher Wiederholung den zusammenhängenden Schlaf einer Nacht ergibt. Tatsächlich zieht

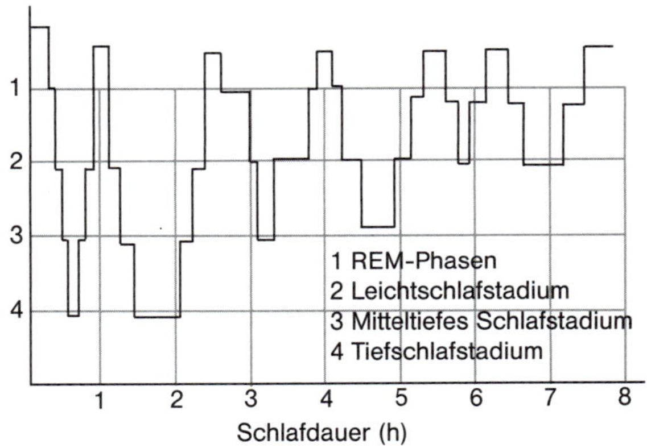

sich ein 90-minütiger Grundrhythmus durch den ganzen Tag. Schon das Aktivitätsmuster eines Säuglings folgt diesem Rhythmus. Und auch in den spätesten Stadien des Lebens bleibt der 90-Minuten-Zyklus stabil, obwohl sich die kontinuierlichen Phasen von Schlaf und Wachen aufgelöst haben. Die fundamentalen 90-Minuten-Zyklen passen auch ganzzahlig, nämlich 16-mal, in den astronomisch vorgegebenen 24-Stunden-Tag. Die Biologen sprechen hier vom circadianen Rhythmus der irdischen Lebensformen. Das Ticken der inneren Uhr ist erkennbar in die Zeitvorgabe der Erdrotation eingepasst.

Die Verknüpfung einer kleinen, unscheinbaren Schlafverlaufskurve mit dem Planeten Erde als astronomischer Uhr – ein stattliches Karnickel springt da aus dem Zylinder. Die Aufmerksamkeit ist weiterhin gesichert.

- Bilder verwenden.
  Bilder, die das gesprochene Wort unterstützen, tragen ebenfalls überraschende Momente in sich. Allein der Wechsel vom akustischen zum visuellen Medium garantiert schon eine Aufmerksamkeitsspitze. Außerdem sind Bilder hochgradig informationsreich. „Ein Bild sagt mehr als tausend Worte“, heißt es. Die Angabe ist etwas ungenau. Wie viele Worte ersetzt denn ein Bild? 2000? 10000? Wie auch immer. Selbst 1000 Worte sind ziemlich viel für einen Zeitraum von fünf bis zehn Sekunden. Beim Einsatz von Bildern sollte also die latente Gefahr bedacht werden, dass die Bildinformation zu umfangreich ausfällt. Im ungünstigen Fall enthält ein Bild so viele interessante Details, dass die Zuhörer sich in Zuschauer verwandeln, ausgedehnte visuelle Streifzüge unternehmen und das Zuhören vernachlässigen. Das Bild ist ein Hilfsmittel des Sprechens und sollte nicht die Hauptrolle an sich reißen. Das gut gewählte Bild enthält daher nur die Information, die zur Illustration des Gesprochenen notwendig ist.

Bilder, die zu viel Information transportieren, ziehen zu viel Aufmerksamkeit auf sich.

- Begeisterung wiedergeben.

Begeisterung ist ansteckend

Ein sympathischer Referent, kreativ und humorvoll, kommt in einem Vortrag über die Stärken der Europäischen Union an eine Stelle, wo die derzeit größten Bedrohungen der Menschheit benannt werden sollen.

Sein Laptop will die Bildprojektion nicht herausgeben. Der Referent drückt eine Taste, dann eine andere, eine dritte, spricht dabei halblaut weiter: „Wo ist denn bloß, wo steckt denn nur …", dann drückt er auf die richtige Taste, das Bild mit den großen Plagen erscheint, und in seiner freudigen Erleichterung kommentiert er: „Hopsala, da ist sie ja!" Und alle freuen sich mit ihm darüber, dass die apokalyptische Liste endlich erschienen ist.

Der Inhalt ist verheerend, die Stimmung ist gut.

Wenn der Sprecher ein Angebot macht, auf das unsere Spiegelzellen ansprechen, dann gibt dieses Angebot dem Gesagten Farbe und Leben. Wenn der Bote begeistert ist von seiner Botschaft, dann überträgt sich die Begeisterung, auch wenn der objektive Inhalt der Botschaft traurig oder unbedeutend sein sollte.

Es lohnt sich, an einem Referat, einer Präsentation, einem Vortrag so lange zu arbeiten, bis sie einem selbst gefallen. Bis die eigene Begeisterung erwacht.

Sie geben Ihrer Botschaft ihre Qualitäten und liefern das primäre Material. Wie Sie Ihre Botschaft überbringen, so wird die Botschaft auch aufgenommen.

Gute Themen – Schlechte Themen

Nicht aus jedem Thema lässt sich ein eindrucksvolles Referat formen. Aber was hindert uns daran, es zu versuchen?

Literatur

Argyle, M.: Körpersprache und Kommunikation. 9. Aufl., Junfermann Verlag, Paderborn 2005

Bauer, J.: Warum ich fühle, was du fühlst – intuitive Kommunikation und das Geheimnis der Spiegelneurone. Hoffmann und Campe Verlag, Hamburg 2005

Bilinski, W.: Rhetorik – Das Trainingsbuch. Rudolf Haufe Verlag, Freiburg im Breisgau 2006

Blumenberg, H.: Die Sorge geht über den Fluss. Suhrkamp Verlag, Frankfurt am Main 1987

Collett, P.: Ich sehe was, was du nicht sagst. Ehrenwirth Verlag, Bergisch Gladbach 2004

Fittkau, B.; Müller-Wolf, H.-M.; Schulz von Thun, F.: Kommunizieren lernen (und umlernen). 3. Aufl., Agentur Pedersen, Braunschweig 1983

Hofmeister, R.: Jeder kann reden. Verlagsgruppe Weltbild, Augsburg 2003

Kleist, H. v.: Sämtliche Werke und Briefe in vier Bänden. Carl Hanser Verlag, München 1982

Krieger, P.; Hantschel, H.-J.: Handbuch Rhetorik. Falken-Verlag, Niedernhausen im Taunus 2001

Perrow, C.: Normale Katastrophen. 2. Aufl., Campus Fachbuch, Frankfurt am Main 1992

Tusche, W.: Reden und überzeugen – Rhetorik im Alltag. 5. Aufl., Bund-Verlag Frankfurt am Main 2001

Watzlawick, P.; Beavin, H.; Jackson, D.: Menschliche Kommunikation. Huber Verlag, Bern/Stuttgart/Wien 1971

Will, H.: Mini-Handbuch Vortrag und Präsentation. 6. Aufl., Verlagsgruppe Beltz, Weinheim 2006

Wittgenstein, L.: Tractatus logicus-philosophicus. 6. Aufl., Suhrkamp, Frankfurt am Main 1969